監修者――木村靖二／岸本美緒／小松久男／佐藤次高

［カバー表写真］
椅子に座っている太陽神シャマシュから王権の象徴である棒と
リングまたはリング状にまとめられたロープを受け取るハンムラビ王
（ハンムラビ法典碑の表面上部のレリーフ，ルーヴル美術館蔵）

［カバー裏写真］
神の前で跪く祈願者
（ルーヴル美術館蔵）

［扉写真］
ハンムラビ法典碑の楔形文字
（法典碑表面第1段の下半分～第6段上半分の各第50行前後～第69行前後の部分）

世界史リブレット人01

ハンムラビ王

法典の制定者

Nakata Ichiro
中田一郎

目次

ハンムラビの願い

ハンムラビ(在位前一七九二〜五〇)の名は、高等学校で世界史を学んだことがある者にとっては、なじみのある名前に違いない。ハンムラビは古代オリエントの文明が滅ぶと同時にいったんは忘れられるが、一九〇一〜〇二年にハンムラビ法典碑が発見▲され、その全文が一九〇二年にフランス語訳付きで出版されるや、「世界最古の法典」の授与者としてハンムラビの名が世界中で知られるようになった。

ハンムラビは、ハンムラビ法典の「あとがき」のなかで、「マルドゥク神▲の言葉に懸命に心を配り、北や南でマルドゥクのために勝利を挙げ、マルドゥクの心を喜ばせ、人々に対しては(色つやの)良い肌を永遠にわたって定め、国土

▼ハンムラビ法典碑の発見　エラムの旧都スーサ(現地名シューシュ。イラン南西部に位置する)で、ド・モルガンが率いるフランス考古調査隊によって発見された。法典碑は玄武岩製で、大きく三つに割れていたが、その内の二つは一九〇一年十二月に、残りの一つが翌一九〇二年一月に発見された。これらはすぐに接合され、パリに運ばれ、同年九月にはシェイルによって法典碑の全文がフランス語訳付きで出版されている。同時期にハンムラビ法典が記された八つの玄武岩製の法典碑断片が発見されており、もともと三つあるいは四つのハンムラビ法典碑が存在したことがわかっている。

▼マルドゥク神　バビロンの主神。配偶神はツァルパニトゥム。もともと一地方神であったが、ハンムラビによるバビロニア統一後、首都の主神として次第に有名になり、前十二世紀末頃にはバビロニアの「主《ぬし》」と考えられるようになった。シンボルは「鋤」、随獣は蛇龍(ムシュフシュ)。

前九世紀にマルドゥクに奉納されたラピスラズリ製円筒印章に彫られた同神とその随獣の図　マルドゥク神は高さ約一〇センチ。ベルリン美術館蔵。

に正義を回復」した王として認められたいとの願いを表明していた。本書では、ハンムラビ自身の願いにこたえて、第一章でハンムラビ登場までのバビロニアの歴史を概観したあと、第二章でハンムラビがどのようにして当時の強国を倒し、バビロニアを統一したかをみる。第三章では、彼が運河を開削または浚渫《しゅんせつ》し、国土の生産性向上に努め、住民に豊かな収穫を保障したことをみる。最後の第四章では、正義の維持者として法典を作成したばかりでなく、統治者として実際に正義の維持に努力したハンムラビの姿を確認する。

なお、本書で使用する年代は中年代説左頁＊による。また、本書執筆にさいして、とくに巻末に掲げた参考文献中の欧語文献に多くを拠ったことをあらかじめ断っておく。

凡　例

(1) 本書の絶対年代は中年代説*による。また，エシュヌンナ王国，「上メソポタミア王国」，マリ王国などの王の在位年や事件の年代は，D. Charpin & N. Ziegler, *Mari et le Proche-Orient à l'époque amorrite*, FM V, Paris, 1003 に従う。本書の絶対年代表記では，わずらわしさを避けるため「頃」を省略しているが，これらの年代は学問的な仮説であることを強調しておきたい。

(2) 原語のカタカナ表記では，長音を逐一音引き記号で表記することは原則として避けた。ただし，長音からなる単音節の単語やすでに慣用となっているカタカナ表記はそのまま残した。

(3) 地名や固有名詞のカタカナ表記は，原則として日本オリエント学会編『古代オリエント事典』（岩波書店，2004 年）に従う。

(4) 本書で引用する原史料の出典は，略号を用い，横書きで記すこととした（ARM XXVI/2, 383：6-11 など)。略号については，略号表を参照。

(5) 引用した史料中の（　）内の言葉は，筆者の補足または言い換えである。

(6) 引用した史料中の［　］内の言葉は，研究者による破損した原史料の復元である。

(7) 史料の引用文中の〈　〉内の言葉は，原史料中の脱字を研究者が補ったもの。

(8) 本書に出てくる古代の地名には，場所が確定されておらず，地図上に表示できないものが少なくないことをお断りしておく。

*中年代説　　ウル第三王朝からバビロン第一王朝滅亡までのメソポタミアの年代に関しては，いくつかの王名表のおかげで，イシン・ラルサおよびバビロンなどの王の即位順序，在位年数などがわかっており，相対年代はある程度確定している。絶対年代確定の基になっているのがバビロン第一王朝のアンミ・ツァドゥカ王の治世 21 年間の「金星の観測記録」である。天文学者クグラーは，1912 年，この観測記録に合致すると思われる複数の年代の中から同王治世 1 年にあたる年は前 1977 年（のちに前 1801 年に変更）であったと提案した。その後ほかにもいくつかの説が提案されたが，最終的に前 1702 年説，前 1646 年説および前 1582 年説の 3 つが残り，それぞれ高年代説，中年代説，低年代説と呼ばれている。バビロン第一王朝の滅亡の年は，高年代説では前 1651 年，中年代説では前 1595 年，低年代説では前 1531 年となる。現在のところ，メソポタミア史の分野では中年代説が一般的であり，本書でも中年代説を採用している。しかし，「金星の観測記録」自体の信憑性については疑問もあり，これらの年代説はあくまでも学問的な仮説であることを強調しておく必要がある。最近では，ベルギーの考古学者が中心となってバビロン第一王朝の滅亡の年を前 1499 年とする超低年代説が提唱されている。これによれば，ハンムラビの治世は中年代説に比して 100 年近く引き下げられることになる。

略号表

AbB	Altbabylonische Briefe, Leiden
ARM	Archives royales de Mari, Paris
CH	Code of Hammurabi
LAPO	Littératures anciennes du Proche-Orient, Paris
LIH	L. W. King, The Letters and Inscriptions of Hammurabi, London
OBO	Orbis Biblicus et Orientalis, Fribourg & Göttingen
RIME	Royal Inscriptions of Mesopotamia: Early Periods, Toronto
TCL	Textes Cunéiformes, Musée du Louvre, Paris

①—ウル第三王朝の滅亡とアムル人諸王国の出現

アムル人のバビロニア移住

ウル第三王朝▲の終焉（前二〇〇四年）からバビロン第一王朝▲滅亡（前一五九五年）までの約四〇〇年間を古バビロニア時代と呼ぶ。古バビロニア時代は、なによりもアムル人▲（アモリ人）の時代と呼ぶことができる。なぜなら、ハンムラビがメソポタミアを統一するまで、バビロン王国を含めてメソポタミアで覇を争った王国の多くがアムル人の建てた王国であったからである。そして、このような呼び方は、古バビロニア時代にまで遡るのである。

ハンムラビから数えて四人目のバビロン王アンミ・ツァドゥカ（在位前一六四六〜二六）の時代に作成された「ハンムラビ王朝の系譜」と呼ばれている文書は、同王までのバビロンの王たちを「マルトゥのパルー（王朝）」と呼んだ。マルトゥはシュメール語でアムル人を指すので、ハンムラビが属したバビロン第一王朝は、早くも古バビロニア時代にすでに「アムル人の王朝」と呼ばれていたことになる。

▼ウル第三王朝　前二一一二年に成立し二〇〇四年まで続いたシュメール人の統一国家。首都はウル。

▼バビロン第一王朝　一八頁参照

▼アムル人　もともとシリアのビシュリ山（標高八六七メートル）周辺やユーフラテス川中流域でヒツジ・ヤギなどを飼養する遊牧民であったが、その一部がウル第三王朝時代にメソポタミア北部からハムリン盆地を経由してメソポタミア南部に移住したと考えられている。ただし、ユーフラテス川中流域やメソポタミア北部にとどまり遊牧生活を続けた人々や、定住して農耕民となる人々もいた。「上メソポタミア王国」の住民や「マリ王国」の住民の多くは、このような人々であった。

▼西セム　西セム語あるいは西セム語を話す人々を指す。ちなみに、セム語は大きく東セム語と西セム語に分かれる。東セム語はアッカド語とエブラ語のみであるが、西セム語は、中央セム語・南セム語・北西セム語など多くの方言に分かれる。アムル語は、のちの北西セム語に近かったと考えられる。

西セム▲系のアムル人は、ウル第三王朝時代に、傭兵や労働者として大量にメソポタミア南部に流入するようになった。彼らは、もともと年間降水量が二〇〇ミリ以下のシリアのビシュリ山周辺を本拠地とし、乾季にはヒツジやヤギなどの小型家畜をつれて牧草や水があり放牧可能な夏営地▲へと移動を繰り返す遊牧民であったが、前二二〇〇年頃、気候変動による降水量の減少などがあって、ユーフラテス川をこえて北に移動、年間最低でも二〇〇～四〇〇ミリあるいはそれ以上の降水量が期待できる上ジャジーラ▲にその主たる生活の場を移した。そして、その一部は、畜群とともに長い時間をかけてさらに東に移動、ティグリス川をこえてハムリン盆地にはいり、そこからディヤラ川ぞいにメソポタミア南部に移住したものと考えられる。

ウル第三王朝四代目の王シュ・シン（在位前二〇三七～二〇二九）の治世になると、アムル人の移住は、「長城」を築いて阻止しなければならないほどの勢いになっていた。シュ・シンは、治世四年に「ティドゥヌム（アムル人）を遠ざける城壁」を建設したことを同年の年名▲で記念し、翌年も同じ年名を使用している。この「長城」の建設は、じつは、ウル第三王朝二代目のシュルギ王（在位前二

▼夏営地　ヒツジ・ヤギなどを飼養する遊牧民は、乾季の夏に牧草を求めて年間降水量が二〇〇ミリ以上の地域に家畜を移動させたが、このような夏の放牧地を夏営地と呼ぶ。

▼ジャジーラ　アラビア語で「島」を意味し、現在のバグダード辺りより北で、ティグリス川とユーフラテス川にはさまれた地域を指す。シンジャル山（標高一三五六メートル）とアブド・エル・アジズ山（標高七八四メートル）より北の年間降水量が二〇〇～二五〇ミリ以上の地域をとくに上ジャジーラと呼ぶ。

▼年名　メソポタミア南部（バビロニア）では、その年（ウル第三王朝時代）または前年（古バビロニア時代）にあった記念すべき出来事にちなんで、年に命名して年表示とした。これらの年名は、当時から時代順に整理され、「年名表」が作成されていた。

▼エラム　イラン高原南西部のスーサを中心に興った勢力。ウル第三王朝滅亡の直接的な原因はエラム軍の侵略にあった。ハンムラビによるバビロニア統一前もエラムは宗主としてメソポタミアに影響力を行使した。また、前十二世紀中頃には弱体化していたバビロニアに侵攻してマルドゥクの神像やハンムラビ法典碑の他にもいくつかの石像を戦利品としてスーサに持ち去った。しかし、これがマルドゥク神像を奪回しようとするバビロニア王ネブカドネツァル一世(在位前一一二五〜〇四)の侵攻を招き、エラムは次第に衰退に向かい、前六四〇年頃アッシリア王アッシュルバニパルによって滅ぼされた。

〇九四〜四七)の治世三六・三七年の年名で記念されている長城建設に始まっていた可能性がある。

約一〇〇年間続いたウル第三王朝は、五代目の王イッビ・シン(在位前二〇二八〜〇四)の治世に滅亡した。滅亡の直接的な原因は、首都ウルがエラム軍▲の侵攻を受け、王が捕虜としてエラムに連行されたことにあるが、アムル人の移住とそれにともなう混乱もウル第三王朝崩壊の遠因となった。のちに、イシン王朝の創設者となるイシュビ・エラ(八頁参照)がウル第三王朝最後の王イッビ・シンに宛てた手紙で、「マルトゥ(＝アムル人)は全員シュメールのただ中に入り、強大な要塞を次々に攻略してしまいました」と書いているからである。もっとも、この手紙には複数の写本があり、ほかの手紙とともに書記学校で手紙の文例として利用されたことがわかっているので、史料としての信憑性に疑いをもつ研究者もいる。しかし、ここでは書記学校の手紙の文例となる過程で多少編集の手が加えられたとしても、実際の手紙がのちに手紙の文例として利用されたと理解しておく。

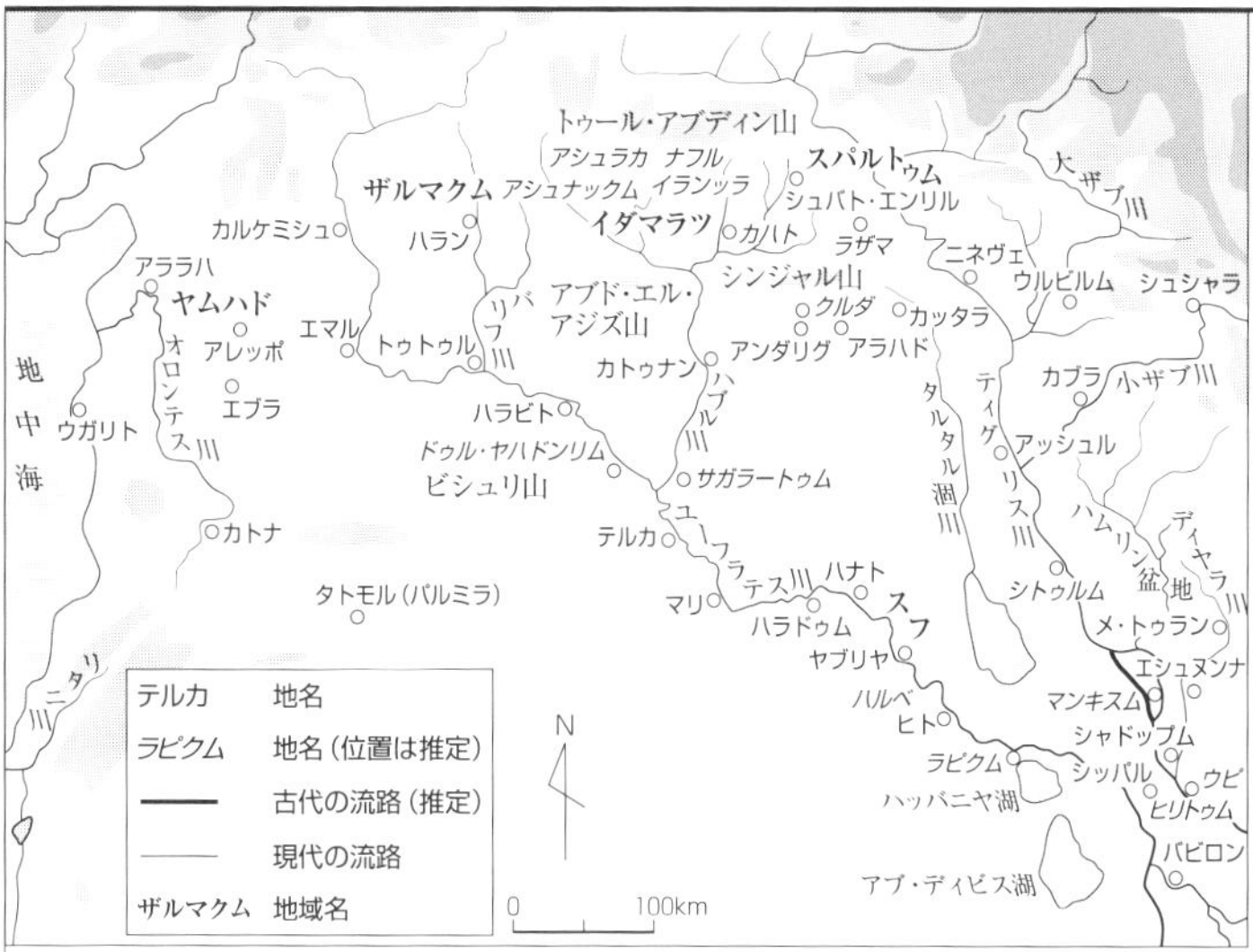

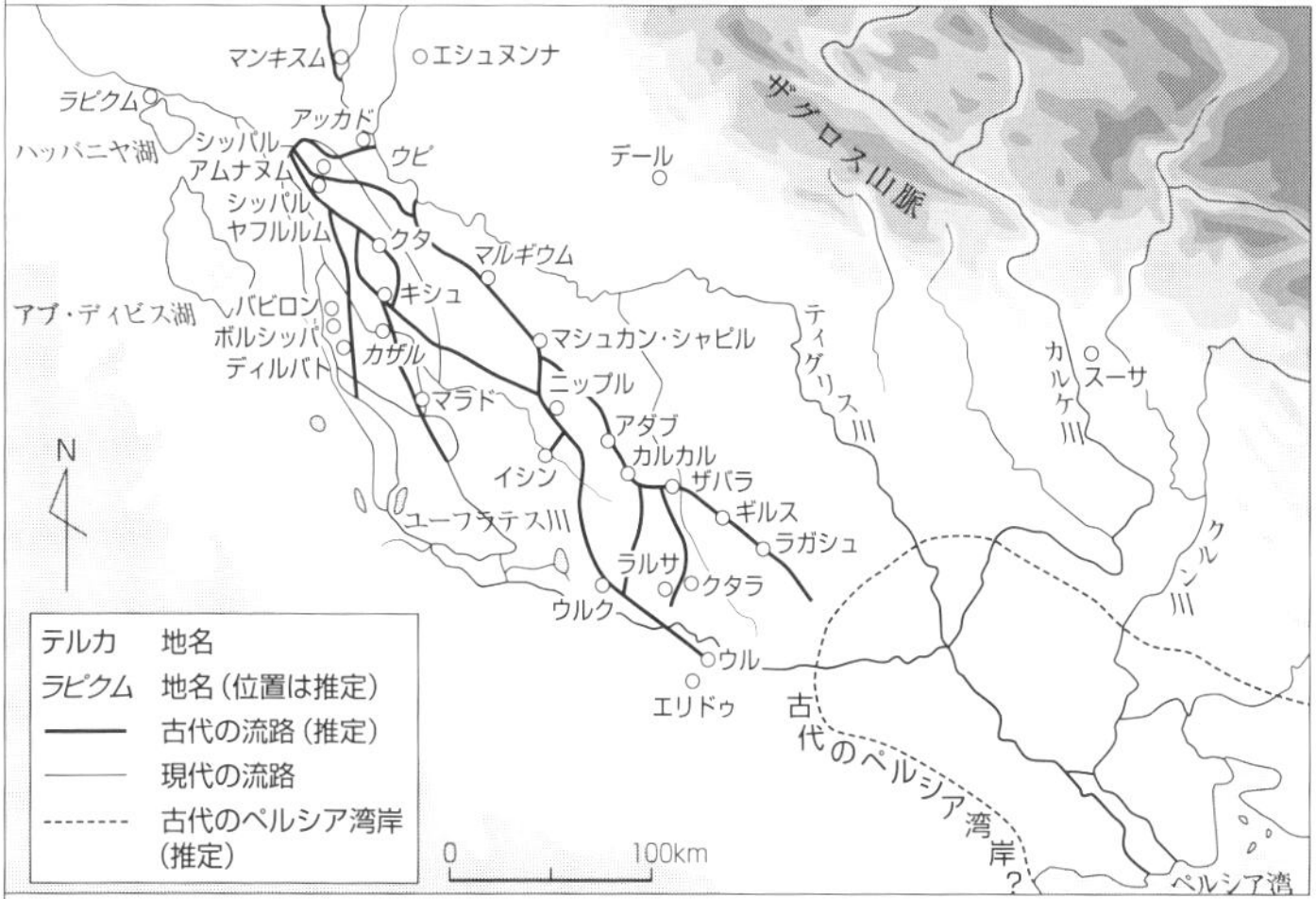

●——ハンムラビ時代のメソポタミア北部（上）と南部（下）

●——**ハンムラビ法典碑の発見**　一九〇二年一月、スーサでハンムラビ法典碑の三つ目の断片が発見されたときの写真。中央に立つのが最初の二つの断片の発見者グスターヴ・ジャキエ。

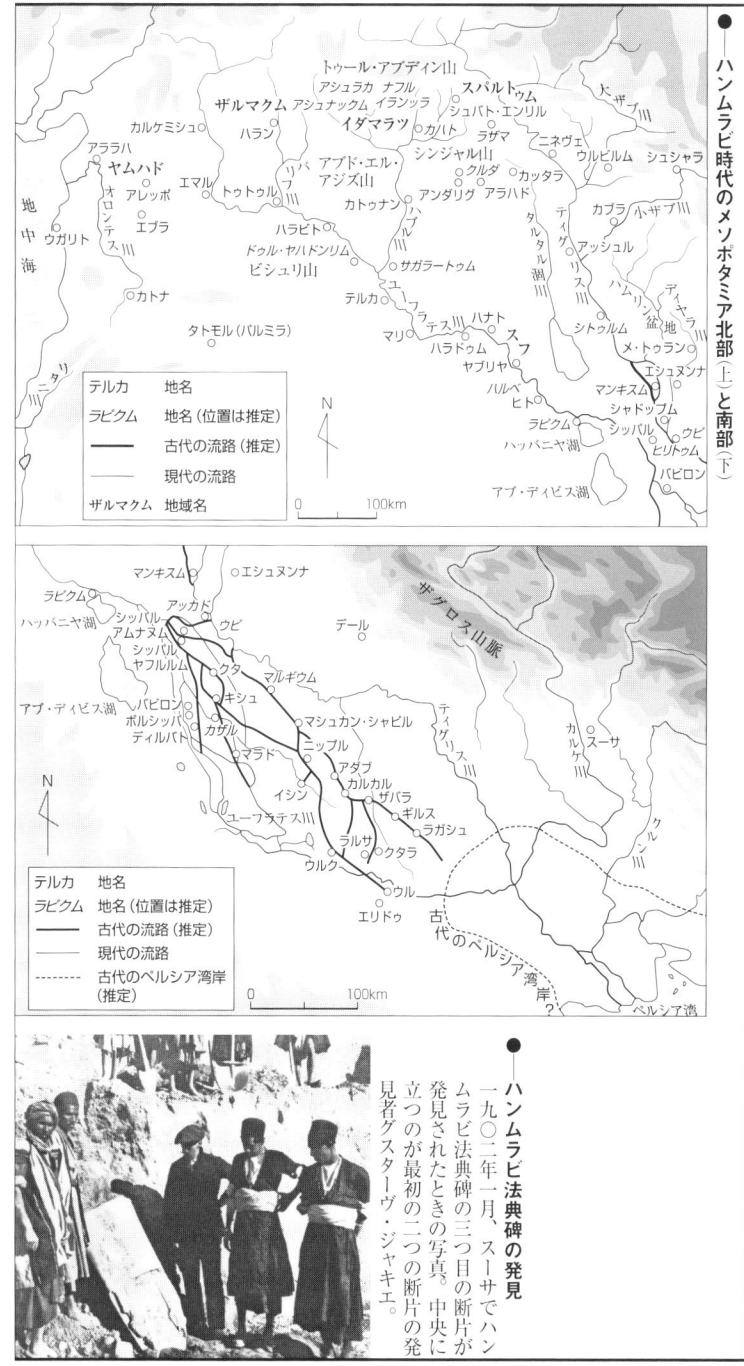

イシン王国の建国

ウル第三王朝の正統な後継王国として建国されたのがイシン王国であった。イシン王国の建国者イシュビ・エラ(在位前二〇一七〜一九八五)は、ウル第三王朝最後の王イッビ・シンから、ウルの食料不足を解消するために、大量の銀(二〇ビルトゥ＝約六〇〇キロ)を託され、大麦の買い付けをおこなったほどの人物であった。イシュビ・エラは、イッビ・シンの治世一一年頃イシンに拠ってイシン王国を建て、ウル第三王朝から独立した。

伝承によると、イシュビ・エラは「マリの人」と呼ばれ、もともとユーフラテス川中流域の都市マリの出身であったとされる。都市マリがハンムラビの時代にアムル系マリ王国の首都であったため、イシュビ・エラもアムル人であったと考える研究者もいるが、それは疑わしい。

さきに、アムル人の移住とそれにともなう混乱もウル第三王朝崩壊の遠因の一つであったと述べた。しかし、メソポタミア南部の都市支配者のなかには、アムル人の族長たちと友好関係を築きあげた者もいた。イシン王国を建国したイシュビ・エラはその一人であった。イシュビ・エラの周辺には、族長たちに率いられるアムル人部族集団が多く存在したが、少なくともその一部は彼と友好的な関係にあった。イシュビ・エラがウル第三王朝を滅ぼしたエラム軍からバビロニア南部を解放するのに約一〇年を要したといわれるが、彼はこの戦いでアムル人族長たちの支援を受けたことがわかっている。

また、イシュビ・エラのおかげでエシュヌンナ▲の支配者となったヌール・アフムもその一人であった。彼は、「アムル人の長」のタイトルをもつアブディ・エルの息子ウシャシュムに自分の娘を嫁として与え、逆に自分の甥ビララマ（のちにヌール・アフムの後継者となる）のために相手の娘を嫁としてむかえるなど、両者は緊密な関係にあった。

最初のアムル人王国ラルサの出現

ウル第三王朝崩壊後のディヤラ川扇状地やバビロニアには、「アムル人の長」に率いられるアムル人部族集団が数多く存在したことについてはすでにふれたとおりである。そのような状況のなかでバビロニア南部に最初に出現したアムル人の王国がラルサである。前二十世紀中頃のことであった。

▼エシュヌンナ　ディヤラ川流域に栄えたワルム国の首都の名であるが、ここでは慣例に従ってこの王国をエシュヌンナ王国と呼ぶ。エシュヌンナ王国では、エシュヌンナ市の主神ティシュパク神が王で、人間の支配者はティシュパク神に任命された「知事」と考えられていた。ここでは、この「知事」を（エシュヌンナの）支配者と呼ぶ。

古アッカド時代の円筒印章の陰影
中央部に山々を切り裂いて昇ってくるシャマシュ神が見える。手には鋸(シャッシャル／シュッシャル)をもち、両肩から三本の光線が出ている。

「ラルサ王名表」は、初代のラルサ王としてナプラヌムの名をあげる。「ラルサ王名表」が伝える初期の王たちの名前、即位順、在位年数などが正しいとすると、ナプラヌムはウル第三王朝最後の王イッビ・シンの時代にラルサを統治したことになるが、これはありえない。ラルサ王国が成立したのち、バビロニアの神々の「王」であるエンリル神を祀った都市ニップルの支持をえようとラルサ王国がイシン王国と覇を争っていた頃、自国の歴史をイシン王国のそれより古くみせようと自分たちの記憶にあった著名な先祖の名を「ラルサ王名表」の冒頭に付け加えたものと思われる。

自分の碑文資料を残した最初のラルサ王はザバヤ(在位前一九四一～三三)である。ラルサの遺跡で採集された数点の日干し煉瓦に、「サミウム(在位前一九七六～四二)の子でアムル人の長であるザバヤがエバッバル神殿を建立した」という銘のあるスタンプが押されている。▲エバッバルは太陽神シャマシュ(＝ウトゥ)を祀る神殿で同名の神殿がシッパルにもあったが、このエバッバル神殿はラルサに建立されたものであった。このスタンプの銘文によると、ザバヤの称号は「アモリ人の長」で「王」ではないが、これが「ラルサ王名表」に四代目の王として登場する人物である。ザバヤはラルサ周辺の住民やマシュカン・シャピル周辺の遊牧民グループを統合してラルサ王国を建てることに成功したと考えられている。

イシン王国とラルサ王国の覇権争い

ザバヤ王の兄弟で五代目のラルサ王グングヌム（在位前一九三二～〇六）の治世になると、イシン王国とラルサ王国の力関係が大きく変化する。イシン王イシュメ・ダガン（在位前一九五三～三五）の娘で都市ウルの主神ナンナに仕える女大祭司▲に就任していたエンアナトゥムは、「ウルの王」グングヌムと自身の長寿を願ってダガン神の倉を建てたことを記した建築碑文と、同じく「ウルの王」グングヌムと自身の長寿を願ってラルサの主神シャマシュの倉を建立したことを記した建築碑文を残している。いずれもウルから出土したものである。

これらの碑文から、イシン王イシュメ・ダガンの娘がウルのナンナ神に仕える女大祭司に就任した時点では、ウルはイシン王国の支配下にあったが、のちにラルサ王国の支配下にはいり、ラルサ王グングヌムが「ウルの王」と呼ばれ

▼シッパル　現在のバグダードの南西約四〇キロに位置し、ユーフラテス川の支流をはさんで隣接するシッパル・ヤフルルム（遺跡名：アブ・ハッバ）とシッパル・アムナヌム（遺跡名：テル・エッデール）からなる複合都市。シッパルの主神シャマシュのエバッバル神殿があったのはシッパル・ヤフルルム（四四頁の地図参照）。

▼ナンナ神に仕える女大祭司　この職には時のメソポタミア南部に覇を唱えた王朝の王女が任命され、生涯その地位にとどまった。

ていたことがわかる。当時ペルシア湾は現在よりかなり内陸部まではいり込んでいて、ウルがペルシア湾交易の拠点となっていたが、ラルサがこのウルを支配下においたことで、ラルサの商人たちは銅を主商品とするペルシア湾交易▲の利益を手にすることができた。

　さらにグングヌム治世二一年の年名から、その前年にグングヌムがラルサの市壁を建設したことがわかっているが、この工事で建材として使われた日干し煉瓦に押されたスタンプの銘文では、彼は「シュメールとアッカド▲の王」と自称しており、シュメール（バビロニア南部）だけでなくアッカド（バビロニア北部）にも勢力を伸ばし、ラルサがすでにニップルの支持をえていたことをうかがわせる。その後、基本的にはラルサ王国が優勢を保持したが、短期間ニップルに対する支配権をイシン王国に奪われることもあった。例えば、ラルサ王リム・シン（在位前一八二二〜一七六三）は彼の治世一〇年から二〇年までニップルに対する支配権を失っていた。このリム・シンは治世二九年（前一七九四年）にイシンを征服して、バビロン王国を除いたバビロニアを統一した。このことは彼にとって忘れがたいできごととなり、治世三〇年以降は同じ年名「イシンを滅

▼ペルシア湾交易　前五千年紀からメソポタミアと現在のファイラカ島やバーレーン（古代のディルムン）を中心とする湾岸地域との間に交易関係があったことが知られている。ラルサ王リム・シンの治世（前一八二二〜一七六三）の前半その支配下にあったウルの私的商人たちが銅を求めてさかんにディルムンに出かけていったことは有名。

▼シュメールとアッカド　現在のバグダードあたりから南のメソポタミア南部を指し、のちのバビロニアと呼ばれる地域に相当する。メソポタミア南部の南半分が「シュメール」、北半分が「アッカド」と呼ばれた。「バビロニア」という呼称はギリシア人がつくったもので、ハンムラビ時代には、メソポタミア南部は「シュメールとアッカド」と呼ばれた。

ぼした年」が三一年間にわたって繰り返し使用された。

ディヤラ川扇状地のエシュヌンナ王国

ディヤラ川扇状地のエシュヌンナでは、前二〇一〇年頃、さきにふれたヌール・アフムから始まる新しい王朝が誕生していた。そして、このエシュヌンナに、前一八五〇年頃、イピク・アダド二世（在位前一八五〇頃）が登場した。彼は、ハムリン盆地やディヤラ川扇状地に散在した小王国を併合したばかりでなく、ディヤラ地域をこえて進出、北では現在のクルディスタン地方にあったアラプハ王国を、西ではユーフラテス川ぞいの町ラピクムを征服した。これが、エシュヌンナ王国がユーフラテス川中流域の地に進出した最初であった。イピク・アダド二世は、ヌール・アフムを含め歴代のエシュヌンナの支配者が使用したことがなかった「王」の称号を用いたばかりでなく、「エシュヌンナ（王国）を拡張した王」と自称し、「全世界の王」という王号を使用した。

イピク・アダド二世の子でその後継者となったナラム・シン王（在位前一八一〇頃）は、父王の拡張政策を継承、ハブル三角地帯▲全域を征服、またユーフ

▼ハブル三角地帯　現在のトルコ南東部を東西に走るトゥール・アブディン山脈の南に広がるなだらかな山麓地帯。地図で見ると逆三角形の形をしているためにそう呼ばれる。古バビロニア時代にはイダマラツと呼ばれた。この三角地帯から流れ出る多数の流水が集まってできたハブル川はユーフラテス川の貴重な支流の一つである。ハブル三角地帯は、年間二〇〇～四〇〇ミリの降水量に恵まれ、天水農業が可能であったばかりでなく、遊牧民の夏営地でもあった。また、ここはイラン経由で運ばれてきた錫やバビロニア産の織物がアナトリアに運ばれる交易ルートが通る重要な地域で、アフガニスタンの奥地で産出する錫の中継交易にかかわっていたエラム王国やエシュヌンナ王国もハブル三角地帯を支配下におく機会をうかがっていた。

ディヤラ川上流の景観

▼ヤムトバル（エムトバル）　もともとアムル人の一部族の名前であったが、その部族がマシュカン・シャピルとその周辺に定着した結果、その地域の地域名ともなった。ハンムラビによるラルサ王国の併合後は旧ラルサ王国全体がヤムトバルと呼ばれることもあった。

ラテス川中流のラピクムからプズランまで、すなわちスフの地全域を支配下におくほどであった（この時、マリ王国の建国者ヤハドゥン・リム王〈在位前一八一〇〜一七九四〉はエシュヌンナのナラム・シン王の宗主権下にあった）。ナラム・シン王もまた、王号「全世界の王」を使用したことがわかっている。

ナラム・シン王の死後、短期間に少なくとも二人の人物がエシュヌンナの王位についたが、正確なことはわかっていない。ラルサ王リム・シンの治世二二年（前一八〇〇年頃）の日付のある文書（TCL10, 54）に、「エシュヌンナへの派遣（遠征？）のためヤムトバル▲の軍隊がマシュカン・シャピルに集結したとき」とあり、ナラム・シン王の治世末か死後、エシュヌンナがヤムトバル（ラルサ）軍の侵攻を受けた可能性がある。いずれにしろ、イピク・アダド二世とナラム・シンの二代にわたって続いたエシュヌンナの拡張政策が一時的に頓挫したことはまちがいない。

次にエシュヌンナの王位についたのは、イピク・アダド二世の子でナラム・シンの弟にあたるダドゥシャ（在位前？〜一七七九）であった。彼はイピク・アダド二世とナラム・シンが獲得したものの、その後失った支配地を回復しようとした。しかし、ハブル三角地帯にはすでにシャムシ・アダド一世(在位前一七九二〜七五)の「上メソポタミア王国」(次頁以下参照)があり、ティグリス川ぞいのマンキスムをシャムシ・アダド一世から奪回したほかは、一万人以上のエシュヌンナ軍を派遣してユーフラテス川中流域のスフの地を回復したにすぎなかった(前一七八二年または八一年)。この時のマリ王ヤスマハ・アッドゥ(在位前一七八五〜七五)はエシュヌンナと同盟を結び、エシュヌンナ王の庇護下にはいっている。ダドゥシャは、その後、前一七八一年にシャムシ・アダド一世と和平条約を結び、治世の最後の数年間は同王と協調関係にあった。シャムシ・アダド一世(またはその息子でエカラトゥムの王イシュメ・ダガン?)がティグリス川東岸のアラプハ、カブラ、アルバイルなどの諸都市を征服できたのは、ダドゥシャ王の軍事協力のおかげである。シャムシ・アダド一世がラピクムだけでなくヒトもハンムラビに与えたのはこの頃のことと思われる。

ダドゥシャ王のあとを継いだのは、彼の子イバル・ピ・エル二世(在位前一七七九〜六五)であった。彼は、最初ダドゥシャとシャムシ・アダド一世との間で結ばれた和平条約を更新したが、すぐにこれを廃棄している。そして、おそらく前一七七五年のシャムシ・アダドの死ののち、イバル・ピ・エル二世はハブル三角地帯とユーフラテス川中流域に遠征をおこなった。また、前一七七二年には、マリ王国のジムリ・リム（在位前一七七五〜六二）政権に対するヤミン▲人反乱の動きに呼応するかたちで、▲スフの地に軍隊を送っている。しかし、イバル・ピ・エル二世は、背後に大国エラムの脅威を感じて占領地から撤退した（前一七七一年）。そして、前一七六五年、イバル・ピ・エルはエラムの侵攻を受けて敗北した。こうしてエシュヌンナ王国はエラム王の支配下にはいった。この点については、のちほど再度ふれることになる。

「上メソポタミア王国」とマリ王国

一時、ハブル三角地帯を中心にティグリス川からユーフラテス川中流域におよぶ広大な「上メソポタミア王国」を築いたシャムシ・アダド一世は、もともとディヤラ川流域のアムル系小王国の出身で、前一八五〇年頃に生まれたとされる。そして、前一八三三年頃若くして王位を継いだ。彼が王位についたのがディヤラ地域の都市であったのか、それともエカラトゥムであったのか、ある

▼ヤミン人　ハナ人（バビロニアの人々はハナ人をアムル人「西の人々」と呼んだ）は大きくヤミン人（「南の子ら」の意）とシマル人（「北の子ら」）の二つの部族連合に分かれていた。マリのジムリ・リムはシマル人であったため、王国内のヤミン人のなかにはジムリ・リム王権に反感をいだくグループもあった。

▼スフ　ユーフラテス川中流域でマリ王国とバビロン王国の間の地域。

シャムシ・アダド一世の王都シュバト・エンリル（遺跡名：テル・レイラン）**のアクロポリスの建物遺構**

いはさらに別の都市であったのか確かでない。その後、すでに述べたように、エシュヌンナ王ナラム・シンのハブル三角地帯への侵攻があり、シャムシ・アダド一世はバビロニアに亡命をよぎなくされた。しかし、数年後、彼はティグリス川ぞいの町エカラトゥムを（再）征服し（前一八一一年頃）、その二、三年後にアッシュルの町を征服した。この頃までに、シャムシ・アダド一世はハブル三角地域に進出していた可能性がある。彼はこの地域の中心部の都市シェフナを占領して、これをシュバト・エンリルと改名した。

同じ頃、ヤハドゥン・リムを王とするアムル系のマリ王国がユーフラテス川中流域の農耕民とハブル三角地帯（イダマラッ）西部の遊牧民を支配下において勢力を伸ばしつつあったが、シャムシ・アダド一世は、マリ王家の内紛（スム・ヤマムによるクーデタなど）に乗じて、前一七九三／二年にこれを倒し、ティグリス川とユーフラテス川にはさまれたメソポタミア北部のほぼ全域を支配下においた。こうして生まれたのがさきにふれた「上メソポタミア王国」である。シャムシ・アダド一世は、この広大な王国を二人の息子とともに統治した。すなわち、息子の一人イシュメ・ダガンにエカラトゥムとその周辺を統治させ、

戦勝碑断片　古バビロニア時代の作。シャムシ・アダド一世の戦勝碑とする有力な説がある。出土地不祥。碑文はクルディスタン地方のカブラやアルバイル(エルビル)での勝利を記す。火山岩製。高さ四五センチ、幅五五センチ。ルーヴル美術館蔵。

もう一人の息子ヤスマハ・アッドゥには旧マリ王国の支配下にあったユーフラテス川中流域の統治を委ね(前一七八五年頃、すなわちマリ併合後七年ほどのち)、自身は、シュバト・エンリルにあって全体を統括していた。

しかしながら、シャムシ・アダド一世の治世晩年には領内の遊牧民の反乱が起こり、王国は弱体化しており、前一七七五年にシャムシ・アダド一世が死去すると、「上メソポタミア王国」はまたたく間に崩壊した。息子のイシュメ・ダガンはエカラトゥムの王としてしばらく生き延びることになるが、ヤスマハ・アッドゥの統治したマリ王国ではヤハドゥン・リムの「子」ジムリ・リムが王位につき(ジムリ・リムがヤハドゥン・リムの孫または甥であったことを示唆する史料もある)、ハンムラビ時代のメソポタミアの政治を左右する王の一人となる。他方、ハブル三角地帯では、シャムシ・アダド一世の支配から解放された小王国が独立してたがいに争い合う状況にあった。

バビロン第一王朝の誕生

都市バビロンの名が文字記録に最初に登場するのは比較的遅く、アッカド王

バビロンの遺跡と背景に見えるナツメヤシ園

▼**「バビロン王名表」**　バビロンを統治した歴代の王名と統治年数を即位順に記した表。

国のシャル・カリ・シャリ王(在位前二二一七〜二一九三)の治世のことである。同王の年名の一つが、「シャル・カリ・シャリがバビロンでアンヌニトゥム女神とイルアバ神の神殿の基礎を据え、……した年」と、バビロンでの神殿建立を記念して名づけられている。次のウル第三王朝時代になると、バビロンには同王朝によって任命された知事がいて、バビロンがその支配下に組みいれられていたことがわかっている。ウル第三王朝が崩壊したのちしばらくして、バビロニアの北西部にあってそれまであまり脚光をあびることがなかったバビロンにアムル人の王朝が誕生した。これがバビロン第一王朝であった。

「バビロン王名表」▲によると、スム・アブムがバビロン第一王朝初代の王となっている。そのため、一般向けの書物には、スム・アブムはバビロン第一王朝初代の王と書かれている。しかし、スム・アブムをバビロン第一王朝初代の王と考えることについては、早くから疑問視する意見があった。その根拠のいくつかをあげると、第一に、「バビロン王名表」では、バビロン第一王朝の王は全員前任者何某の子とされているが、バビロン第一王朝二代目の王スム・ラ・エル(在位前一八八〇〜四五)のみ父親(前任者)の名前があげられていないこと、第二に、バビロン第一王朝のハンムラビ、サムス・イルナ（在位前一七四九〜一七一二）、アンミ・ディタナ（在位前一六二六〜一五九五）の各王は、先祖の名をあげる時に、スム・ラ・エルの名をあげるが、スム・アブムの名をあげる王がいないこと、第三に、複数の同時代文書にスム・アブムとスム・ラ・エルが同時に言及されており、両者は同時代人と考えられること、第四に、古バビロニア時代後期に年代付けされる手紙に、バビロンの王たちの王宮がスム・アブムではなくスム・ラ・エルの王宮と呼ばれていること、などである。

さらに、誓約文などで、スム・アブムがバビロニア北部のシッパル、ディルバト、ウラシュなどの都市の王とされ、それらの都市の都市神と一緒に名があげられている点が注目される。おそらく、スム・ラ・エルの時代にスム・アブムはバビロニア北部の宗主的存在であった可能性があり、のちに「バビロン王名表」が編纂される段階で、バビロン第一王朝初代の王として取り込まれたと考えるのが最近の学界の動向である。

スム・ラ・エルは「バビロン王名表」で第二代の王とされているが、彼こそ、近隣のボルシッパ、ラガバ、ディルバト、クタなどの諸都市を統合、またカザル、キシュ、ダムルム、およびシッパルなどの小王国を短期間のうちに征服してバビロニア北西部一帯を支配下におさめたバビロン王国の建国者であったと考えられる。スム・ラ・エルの子サビウム（在位前一八四四〜三一）は父王から受け継いだ王国を維持しただけでなく、ニップルからサビウム王治世九年の年名で日付が付された文書が出土していることから、短期間ながらニップルに対しても支配権を行使したことがわかる。第三代の王アピル・シン（在位前一八三〇〜一三）は、ティグリス川流域にも関心を広げ、ティグリス川ぞいの町マンキスムとウピを支配下におさめたことが知られている。彼はティグリス川東岸地方への渡河地点を支配下におこうとしたものと考えられる。バビロンはその後これらの町に対する支配権を失うが、ハンムラビ王がそれらを奪回しようとしたことはよく知られている（三九頁参照）。

アピル・シンのあとを継ぎ第四代の王となったのがシン・ムバッリト（在位前一八一二〜一七九三）で、彼も支配地の拡大をめざしたもののそれほどの成果をあげることができなかった。

②―ハンムラビによるバビロニア統一

ハンムラビの登場

ハンムラビがシン・ムバッリト王のあとを継いでバビロン王となったのは前一七九二年で、シャムシ・アダド一世がヤハドゥン・リム王家の支配するマリ王国を併合してメソポタミア北部を統一し、広大な「上メソポタミア王国」をつくりあげた年のことであった。

ハンムラビの治世一〇年の日付がある裁判文書に、バビロンの主神マルドゥクとバビロン王ハンムラビの名に加えてシャムシ・アダド一世の名においておこなわれた誓約文が含まれている。独立王国の場合、そこでおこなう誓約は通常その王国の主神と王の名にかけておこなう。したがって、この裁判文書のようにバビロンの主神マルドゥクとバビロン王ハンムラビの名に加えてシャムシ・アダド一世の名にかけても誓約がおこなわれたことは、当時ハンムラビがシャムシ・アダド一世の宗主権下にあったことを示す。当時のバビロンは、東にエシュヌンナ王国、南にラルサ王国、北に「上メソポタミア王国」などの強国があって、現勢力を維持するのが精いっぱいであったと思われる。

　ハンムラビは、治世一一年の年名でユーフラテス川中流域の町ラピクムをエシュヌンナのダドゥシャ王の手から奪いとったことを記念しているが、これはシャムシ・アダド一世の支援のもとでおこなわれたことであった(前一七八三年)。ダドゥシャは、ラピクムを奪回しようと、一万人以上のエシュヌンナ軍をスフの地に侵攻させ、ハナトまで占領したが(前一七八二年)、その後前一七八一年にシャムシ・アダド一世と和平条約を締結し、エシュヌンナが占領していたスフの地はシャムシ・アダド一世に返還された。ハンムラビの主張(ARM XXVI/2, 449 : 58–65)を信じると、その一部であるラピクムがハンムラビに与えられ、ヒトもシャムシ・アダド一世とハンムラビの共同統治下におかれたようだ。いずれにしても、シャムシ・アダド一世の存命中は、ハンムラビは彼の宗主権下にあった。ヒトの帰属については、のちにハンムラビとジムリ・リムの間で問題となるが、これについては後述する(一一七頁参照)。

ハンムラビに関する史料概観

ハンムラビに関しては、治世四三年間の年名が残っているほか、ハンムラビ法典を含めると二〇点におよぶ王碑文が残っている。ハンムラビより前のバビロン第一王朝の王たちの王碑文が一点も残っていないことを考えると、これは注目に値する。また、征服・併合後のラルサに派遣された総督シン・イッディナムや同地で新たにえた王領地を管理する立場にあったシャマシュ・ハジルらの役人に宛てたハンムラビ自身の手紙が二〇〇通近く残っている。さらに、同時代のマリ出土文書のなかには、ハンムラビによるバビロニア統一前夜の彼の言動を間接的に伝える手紙が多数残っている。したがって、バビロン第一王朝のほかの王たちに比べると、ハンムラビは量の点でも多様性の点でも、史料に恵まれているといえる。

「上メソポタミア王国」崩壊直後のメソポタミア

ここで、シャムシ・アダド一世の「上メソポタミア王国」崩壊直後のメソポタミアの状況を確認しておこう。メソポタミア北部（上メソポタミア）では、シヤムシ・アダド一世が「上メソポタミア王国」を建設する前の旧秩序の回復をめざす活発な動きがみられた。その代表的な例がマリ王国の場合であった。マリ王国の建国者ヤハドゥン・リムの「子」ジムリ・リム▲が亡命先のヤムハド王国（首都はアレッポ／ハラブ）の王で義父でもあるヤリム・リムの支援を受けてマリの王位につき、旧「上メソポタミア王国」の少なくとも西半分を支配下におさめた。東半分の一部であるエカラトゥムは引き続きシャムシ・アダド一世の子イシュメ・ダガンの支配下に残ったが、その勢力はとるに足らないものとなった。

エシュヌンナの脅威

メソポタミア南部では、前一七九四年にラルサ王国がイシン王国を滅ぼし、あなどりがたい勢力となっていた。しかし、バビロン王国のハンムラビやマリ王国のジムリ・リムにとって大きな脅威となったのは、ディヤラ川扇状地のエシュヌンナ王国であった。エシュヌンナには、すでにみたように、イバル・ピ・エル二世が登場し、シャムシ・アダド一世の「上メソポタミア王国」崩壊

▼ヤハドゥン・リムの「子」ジムリ・リム　ジムリ・リムの印章碑文が三つ残っており、そのうち二つの印章碑文がジムリ・リムをヤハドゥン・リムの子とするが、もう一つの印章碑文は、ハドゥニ・「アッドゥ」の子とする。もしハドゥニ・アッドゥがヤハドゥン・リムの子であるとすれば、ジムリ・リムはヤハドゥン・リムの子ではなく、孫となる。しかし、ハンムラビ王もジムリ・リムをヤハドゥン・リムの子と呼んでおり、ジムリ・リムは、公式には、ヤハドゥン・リムの「子」とされていたようだ。

ユーフラテス川中流に位置する町ハディサの景観

後、祖父ナラム・シン時代の支配地を回復しようと野望をいだき、メソポタミア北部への遠征を開始した(この時、イシュメ・ダガンはエカラトゥムをでてバビロンに亡命している)。その軍隊は前一七七一年春にはシンジャル山南、そして冬にはシュバト・エンリルにまで達している。他方、前一七七二年頃、彼はユーフラテス川中流域にも侵攻、ラピクムからヤブリヤにいたるスフの地を占領し、ここにエシュヌンナの知事をおいて約一年間にわたって支配した。

エシュヌンナのスフへの軍事侵出は、マリ王国の住民の一部であるヤミン人たちのジムリ・リムに対する反乱に呼応しておこなわれたものでもあったが、バビロンのハンムラビ王はエシュヌンナのユーフラテス川中流域への侵出に大きな脅威を感じた。彼は、マリ王ジムリ・リムの要請にこたえて、四人の大隊長率いる援軍をマリに派遣している。ハンムラビとジムリ・リムにとって幸いなことに、エシュヌンナ王イバル・ピ・エル二世はシンジャル山南のアンダリグでの戦いに失敗し、また本国の背後にエラムの脅威を感じてか、前一七七一年秋にハブル三角地帯とユーフラテス川中流域のスフの地から撤退した。そして、前一七七〇年秋にはジムリ・リムと和平条約を締結している。

ヒトの帰属をめぐるハンムラビとジムリ・リムの対立

　エシュヌンナの軍隊が、スフの地から撤退した結果、バビロン王国はスフの地でマリ王国と直接国境を接することになり、国境地帯の町々の帰属をめぐって一時緊張が高まった。マリ王ジムリ・リムの使節二人がシッパル(?)にやってきてハンムラビとの間でこの問題に関する交渉がおこなわれたが、とくにヒト▲の帰属をめぐって意見の対立があった。ハンムラビは、譲歩案としてヒトを両国の共同管理下におくことを提案したが、ジムリ・リムの受け入れるところとならず、国境地帯の町々の帰属をめぐる交渉は決裂したかのごとくである。ジムリ・リムは、ヤブリヤ、ハルベおよびヒトを暫定的に支配下においたのに対し、ハンムラビはラピクムをえたのみであった。この交渉はハンムラビにとってジムリ・リム不信の原因の一つとなった。

　じつは、この交渉におけるかけひきのようすを伝える手紙(ARM XXVI/2, 449)が残っている。この手紙はマリ王ジムリ・リムの使節団のメンバーであったイシュヒ・ダガンとヤンツィブ・アッドゥが主君に連名でハンムラビとの交渉

▼ヒト　ユーフラテス川西岸の町で、マリとバビロンのほぼ中間に位置する。ここからは現在でもビチューメンが産出する(本文三三頁参照)。ヒトの名はシュメール語の「川」あるいは「川」の神をあらわすイドに由来する。ジムリ・リム時代のマリ出土文書によると、ここで通常の裁判では裁くことのできない事例に対して神明裁判がおこなわれたことがわかっている。被疑者またはその代理人が川に飛び込み裁判の神でもあった「川」イドの審判を待ったと思われるが、その詳細についてはよくわかっていない。

の一部始終を書き送った長文の報告書である。少し長くなるが、興味深い手紙なので、以下に紹介する。

彼らの報告によると、ハンムラビ王はジムリ・リム王のメッセージを最後まで注意深く聞いたあと、やおら口を開き、まずマリ王国とバビロン王国の友好関係を確認し、両国の間にはたがいに「借り」はなく、両国は「一つの家一つの指」であると、両国の一体ぶりについて述べた。ついでジムリ・リムの率直さを評価し、ハンムラビがジムリ・リムに害を加える意図はなく、逆に「彼に施した好意をどうか彼に知ってもらいたい」と述べている。

昔［から］今に至るまで、この王室（バビロン）は都市マリに対して害を与えたことはなく、また都市マリとバビロンの間に借りはない。（また）昔から今に至るまで、都市マリとバビロンは一つの家一つの指であり、騒ぎを起こそうとしたことはない。

さて、ジムリ・リムは自分の考えをすべて私に伝え、私に率直に話してくれたが、以前彼の父と叔父は彼らの考えをこの（王）家にすべて伝えることはなかった。ジムリ・リムが私に注意を払うようになり、私と交渉し始めるようになったので、私自身は、彼に対して害を加えるとか意図せず害を及ぼすとかいうことは全くない。私は彼に対し好意を施したし、私が彼に施した好意をどうか彼に知ってもらいたい。(ARM XXVI/2, 449 : 12－23)

この報告書の作成者は、ハンムラビがほかにも「多くの好意的な言葉」を語ったと付け加えている。

これに対し、ジムリ・リムの使節もハンムラビに対して同じような外交辞令でこたえるが、それだけでなくジムリ・リムがハンムラビの要請にこたえてエシュヌンナの使節を拘束・連行したこと、ハンムラビに二度も援軍を派遣したことなどにふれ、今度はハンムラビが好意を返すべきであると述べる。

あなた様(ハンムラビ)が我が主(ジムリ・リム)に対し害を加えたことは決してありませんし、我が主があなた様に対して害を加えたこともありません。あなた様は我が主に対して好意を施されましたが、我が主もまたあなた様に好意を施し、あなた様に敬意を払い、あなた様の名声を確立しました。あなた様の支援者である王達――あなた様は彼らの話の趣旨を聞き、それをうまくエラムのスッカル(エラム王の称号。正しくはスッカルマハ)に繰り返し書き送られました――の中で、我が主のようにあなた様に好意を施し、あなた様に敬意を払った者は一人もいません。彼（ジムリ・リム）がエシュヌンナ王の使節を拘束し、連行してきたのは、あなた様の命令によるものでした。また、あなた様は軍隊の派遣に関して二度書き送られましたが、我が主は精鋭軍をあなた様に派遣することを決定し、実行されました。（ARM XXVI/2, 449：25－39）

国境地帯の町々の帰属については、ジムリ・リム王とハンムラビ王との間ですでに何回かやりとりがあったようであるが、ハンムラビがこの問題に関してあまりに慎重なために、ジムリ・リムの使節が苦情を呈している。

　私は一度ならず五度も、何度も、次のようにあなた様に申し上げました。すなわち、「たとえ我が主があなた様に何度も書き送っても、あなた様が我が主の言葉を聞き入れてくださらないなら、我が主はあなた様の心の中から出て行ってしまうということをご承知下さい。あなた様は我が主の観察に時間をかけ過ぎです」と。（ARM XXVI/2, 449：40－43）

そして、ジムリ・リムの使節は、国境の町々に関して宗主であるエラム王の裁定がすでにくだされていることに言及する。

さて、我が主（ジムリ・リム）があなた様に施した好意にしたがって、そして我が主があなた様に払った敬意にしたがって、率直に我が主にお応えください。あなた様の「父」（宗主）であるエラムの王が我が主に与えられた諸都市に関して、咽を触り（「誓約し」の意）、誠実さを見させてください。

（ARM XXVI/2, 449：47－50）

さきの引用部分（ARM XXVI/2, 449：25－39）から、ハンムラビがエラム王に対してある種の報告義務を負っていたことがわかるが、同じ手紙の次の部分でエラム王がハンムラビの「父」と呼ばれており、宗主とみなされていたことがわかる。ジムリ・リム王の使節は、ハンムラビに宗主であるエラム王の裁定を尊重するよう求めた。

ハンムラビはこれには直接こたえず、実質的な協議にはいる用意のあることを表明し、相手方に具体的な提案をするように迫る。

ジムリ・リムのように私に好意を施し、私に敬意を払った者は（私の）支援者である王達の中にはいない。［そして］私は彼の好意に従って彼に応えるつもりである。そして、我々の間で衣の端(「永遠の絆」の意)が結ばれることになろう。私がお前に回答できるよう(ジムリ・リムの)要求を明確な言葉で示すことが先決である。(ARM XXVI/2, 449：52－56)

こうして、ハンムラビは、ジムリ・リムの使節に(マリに帰属すると)誓約すべき町の名をあげるように迫った。そこで使節は、「[ヒト]、ハルベおよびヤブリヤです」と答えた。これに対しハンムラビはすぐに次のように反論した。

ヒト(の名)を挙げてはならない！ サムシ・アッドゥ(シャムシ・アダド一世)がラピクムの町をエシュヌンナの王の［手から］奪い取り、私に与えてくれた時［のような］状態であるべきである。その時［以来］、私の警備兵たちがそこ(ヒトの町)にいる。今も彼らをそこに留まらせよ。［その時］サムシ・アッドゥの警備兵たちが留まっていた［ように］、［今］ジムリ・リムの警備兵たちをそこに留まらせよ。［私の警備兵たち］と彼(ジムリ・リム)の警備兵たちが(現在)一緒に留まっている［ように］、これらの警備兵たちは一緒に留まるべきである。そうすれば、我々の間には正に永［遠の平和］があることになる。(ARM XXVI/2, 449：60－68)

ヒトはビチューメン（瀝青）の産地として知られていた。同じ問題についてジムリ・リムに書き送られた別の書簡で、ヒトにこだわる理由がハンムラビの言葉で説明されている。「あなた方の国（マリ王国）の強さはロバと荷車／戦車であるが、この国（バビロン王国）の強さは船である。ビチューメンとナフサ（?）ゆえにその町が私に必要なのだ」と。そしてハンムラビは、「ヒトの代わりにジムリ・リムが何を書いてこようと私は聞き入れよう。」（ARM XXVI/2, 468：21－26）とまで明言する。

ビチューメンは船の水密化（コーキング）に欠かせないものであった。しかし、陸上交通に頼るマリ王国にはビチューメンは必要ないではないか、というのがハンムラビの言い分である。しかし、この時はヒト、ハルベ、およびヤブリヤの三つの町はマリの帰属となり、ハンムラビがえたのはラピクムのみであった。

一つ奇異に感じるのは、国境の町々の帰属をめぐるハンムラビとマリ王ジムリ・リムの使節との交渉の場にエラムの使節が同席していたことである。この手紙は、ハンムラビがエラムの使節たちに向かって、「私はジムリ・リムに率直に答えるつもりである。お前達はエラム王にそれらの町々の名前を告げないでほしい」(ARM XXVI/2, 449：69－71)と要望したと伝えている。おそらく、ハンムラビは宗主であるエラム王の裁定に反してヒトの町を要求していることを知られたくなかったのだろう。これに対し、エラム王の使節がどのように答えたのか、粘土板文書が破損していて知ることはできない。

ここでは、たまたま宗主国の使節がハンムラビ王とマリの使節の外交交渉の場に同席していたのであるが、ハンムラビが複数の国の使節と同じ場所で同時に謁見した例はほかにも知られている。ハンムラビがどのような意図で複数の国の使節と同じ場所で同時に謁見したのかは不明である。こうすることで異なる王国の使節をたがいに牽制させるねらいがあったのだろうか。ともあれ、同席を許された外交使節にとって、ハンムラビの王宮での使節謁見は他国についての情報収集の絶好の機会となった。

つかの間の平和

ハンムラビは、治世一八年(前一七七五年)のシャムシ・アダド一世の死によって、彼の宗主権から解放されたが、その後ハンムラビの治世二八年(前一七

イシュタル女神　左頁円筒印章の印影は、戦いの女神としてのイシュタルで、両肩から棍棒頭などの武器が三本づつ出ている。片手はライオンの手綱を握り、もう一方の手は三日月刀を握っている。また片足はライオンの上におかれている。イシュタルの前に立っているのは、礼拝者または礼拝の姿で立つ女神。円筒印章の高さは四・二センチ。古アッカド時代の作か。シカゴ大学オリエント研究所蔵。

六五年)までの約一〇年間は、年名から判断するかぎり、神像を安置する台座や神々の標章の製作、神殿の建設・修復あるいは町の周壁の建設・修復、灌漑用運河の掘削などを記念した年名のみで、内政に専念できた平和な時代であった。

以下に紹介するマリ出土の手紙は、エシュヌンナがハブル三角地帯およびスフの地から撤退し、エシュヌンナ王イバル・ピ・エル二世とマリ王ジムリ・リムの間に和平が成立した前一七七〇年の翌年(ハンムラビの治世二四年)から前一七六五年(ハンムラビの治世二八年)頃までの間に書かれたと考えられているが、当時の平和が諸王国の勢力均衡の上に成り立っていたものであることをよく示している。

そして、我が主(ジムリ・リム)が王たちに、「イシュタル女神の犠牲(祭)に来なさい」と書いて寄こされた件に関連して、私は王たちをタルマンニに集め、彼らに次のように告げました。すなわち、「自分だけで強い王はいない。バビロンの王(文字通りには「人」。以下同様。)ハンムラビには一〇人(から)一五人の王が従い、ラルサの王リム・[シ]ンには同数(の王が従い)、エシュヌンナの王イバル・ピ・エルには同数(の王が従い)、カトナの王アムト・ピ・エルには同数(の王が従い)、ヤムハドの王ヤリム・リムには二〇人の王が従う……」と。(Dossin, *Syria* 19, 1938, pp. 117-118)

この手紙の発信人イトゥル・アスドゥは、当時イダマラツ(ハブル三角地帯)の都市ナフルに駐在していたマリ王国の高官で、ジムリ・リムに好意的なイダマラツの小君主たちをタルマンニに集めて、マリでおこなわれるイシュタル女神の犠牲祭に出席してジムリ・リムに対する支持を行動で示すように勧めた。

ここに名前があげられている王は、バビロン王ハンムラビ、ラルサ王リム・シン、エシュヌンナ王イバル・ピ・エル(二世)、カトナ王アムト・ピ・エル、およびヤムハド王のヤリム・リムの五人であるが、イトゥル・アスドゥの主君であるマリ王ジムリ・リムがこれに加わるので、六つの列強の王たちが勢力を競い合っていたといえる。それぞれの王が従える小君主の数から判断すると、ヤムハド王を除いて、その勢力に差はなく、当時の西アジアでつかの間であるが勢力の均衡が保たれていたことがわかる。のちにメソポタミアを統一することになるハンムラビでさえ当時はめだたない存在であった。この手紙には名前こそでてこないが、じつはこれら六王の上に、さきに引用した手紙(ARM XXVI/2, 449)に登場するエラム王が宗主として君臨していたと考えられている。

エラム王、勢力均衡を破る

この勢力の均衡を破ったのがエラムであった。エラムは、突然エシュヌンナのイバル・ピ・エル(二世)に対する攻撃を開始し、エラムの宗主権下にあった諸国に対してエシュヌンナ攻撃に参加するよう呼びかけた。ハンムラビはただちにこれに参加、マリ王ジムリ・リムも、当時エシュヌンナと同盟を結んでいたにもかかわらず、これに協力した。その結果、エシュヌンナは前一七六五年、エラムとその同盟国の軍隊に包囲され、イバル・ピ・エル政権は崩壊した。エラム王はエシュヌンナに入城し、エシュヌンナの軍隊をエラム王指揮下の軍隊に組みいれた。

エシュヌンナのイバル・ピ・エル二世の政権崩壊で、エシュヌンナ征服に協力したハンムラビは、祖父アピル・シンが獲得したもののその後失っていたティグリス川中流の町マンキスムとその下流にあるウピを奪回した。これらの町は、ティグリス川の渡河地点にあり、東西交通の要衝であった。また、バビロンに亡命をよぎなくされていたイシュメ・ダガンも自分の王都エカラトゥムを奪回している。

ところが、エラム王は、エシュヌンナ征服に協力したハンムラビに報いるどころか、逆にマンキスムとウピの返還を要求、エラムとエシュヌンナの混成軍がすでにマンキスム奪回に向かっていることを伝えた。マリ王ジムリ・リムにその家臣が書き送った手紙は、エラム王が激怒してハンムラビに書き送った最後通牒の内容を伝えている。

……エラムの王はハンムラビに次のように書きました。「アタム〈ルム〉(この人物については後述)が(エシュヌンナの)首長である。私が(エシュヌンナに)留まっている間に貴殿(ハンムラビ)のすべきことを完了しなさい。貴殿が保有しているエシュヌンナの町々は私のものではないのか? それらを引き渡しなさい。そして、貴殿は私のくびきに服しなさい。さもなければ、貴殿の国を繰り返し略奪することになろう。軍隊はマンキスムを出発し(ティグリス川の)対岸に渡るだろう。私は、[私の軍隊]の先頭に立って渡河し、貴殿の国を略奪するだろう。」(A.3618：19–26 D.Charpin, *Hammurabi de Babylone*, p.73より引用)

ハンムラビは、マンキスムを失い、やがてウピからも撤退した。

バビロン、エラムの次の標的となる

エラム王は次なる標的をバビロンと決めていたことが、マリ王ジムリ・リム宛ての家臣からの手紙をとおして知ることができる。この手紙には、メソポタミア北部の小君主たちに使節をつうじて伝えられた次のようなエラム王の言葉が引用されている。「お前達の敵対関係を取り下げ、こちらに来なさい。私(エラム王)は、バビロンを包囲するつもりだ。」(ARM XXVI. 303：47–49)

シャムシ・アダド一世の「上メソポタミア王国」の崩壊後、その支配下にあった小王国の君主たちが小競り合いを繰り返していたが、エラム王は、彼らに内輪もめをやめてエラム王のバビロン包囲に参加協力するようにと命じたのである。

ハンムラビは、エラムの脅威に対処するために、まず王国内に総動員令を出し軍隊の増強をはかった。ジムリ・リム王に宛てられた彼の家臣ヤリム・アッドゥの手紙の一つは次のように伝えている。

この手紙をわが主(ジムリ・リム)に持たせる今日、ハンムラビは、自分の国土に総動員令を出し、商人の軍隊、(兵役につかせるための)奴隷の解放も含めて、すべての男子を召集しました。彼(ハンムラビ)は準備万端整えています。(ARM XXVI, 363：9－15)

通常は徴兵の対象外とされる商人を召集したばかりでなく、奴隷を解放して軍隊に組みいれたのである。ハンムラビの動揺ぶりがうかがわれる。

ラルサに相互防衛条約締結を迫るハンムラビ

ハンムラビは、マリ王ジムリ・リムをとおして遠くのヤムハドやカトナの王たちにも援軍の要請をおこなったが、とくに隣国ラルサのリム・シン王に対して相互防衛条約の締結を提案し、たびたび使節を送った。しかし、リム・シンはハンムラビの提案にこたえようとせず、ハンムラビの使節をいつまでも自国にとどめておいた。ハンムラビが国土に総動員令を出したことをジムリ・リムに伝えるヤリム・アッドゥの手紙に、ハンムラビからリム・シン王への働きかけが報告されている。

（支援の）軍隊を求めて、彼（ハンムラビ）は高官達を［（ラルサ王）リム・シン］のもとに派遣した後、毎日のように、絶えず、彼の使者がマシュカン・シャピルに派遣されていますが、私はまだこの（支援の）軍隊が（ラルサを）出発するというニュースを聞いておりません。この手紙を（送った）後も、知りうることはすべてわが主に書き送りましょう。（ARM XXVI, 363：16–25）

マシュカン・シャピルは、南北に長く広がるラルサ王国の南部にある首都ラルサに対して、北部にある第二の首都とも呼べる都市で、ここはリム・シン王の弟であるシン・ムバッリトとその軍隊が駐屯する重要な都市であった。

このあと、ラルサ王リム・シンはハンムラビへの返書を自分の使節に託して送ったようだ。さきの手紙をジムリ・リム宛てに送った同じマリの高官ヤリム・アッドゥが主君に次のように報告している。

何日も前からマシュカン・シャピルに派遣されているハンムラビの高官

達、すなわちターブ・エリ・マーティムと［シン・ベール・アプリ］ム（が率いる使節団）の者たちは、まだ（バビロンに）戻ってきていません。（ラルサ王）リム・シンは［ハンム］ラビに次のように書いて寄越しました。「私の軍隊は国内で集結しています。貴殿の軍隊も［貴殿の］国内で集結させてください。万が一敵が貴殿に対して攻撃をしかけようとするなら、私の軍隊と船団があなたのところに到着するでしょう。そして、万が一敵が私に対して攻撃をしかけようとするなら、どうか貴殿の軍隊と貴殿の船団が私のところに到着するようにしてください」。リム・シンはこのようにハンムラビに書き送りました。（しかし）彼らの軍隊はまだ合流していません。（ARM XXVI, 367：4－23）

ラルサ王リム・シンは、ハンムラビが提案する相互防衛条約の趣旨には賛成の意を表したが、正式に相互防衛条約を締結するつもりはなく、もちろんラルサの軍隊をバビロンに派遣する考えなどなかったのではないだろうか。ヤリム・アッドゥは、主君ジムリ・リムに宛てた別の手紙で、ハンムラビがラルサに相互防衛条約を結ぶために派遣したバビロンの使節団が「ロバに乗る四人のラルサ人騎兵」に護衛されてようやくバビロンにもどったことを伝えるが、彼は大胆にもこれらラルサ人護衛兵から直接リム・シン王からのメッセージを聞き出している。

これが彼らの伝えたメッセージです。「貴殿（ハンムラビ）が書いてこられた軍隊に関して私（ラルサ王リム・シン）は聞きました。敵（エラムの混成軍）は別の国に向かおうとしています。それゆえ、私は貴殿に私の軍隊を送りませんでした。私の軍隊は（常に）準備が出来ています。もし敵が［貴殿に］対して向かう場合は、私は私の軍隊を（救援のために）送りましょう。［そして、］もし敵が私に対して向かってくる場合は、どうか貴殿の軍隊に救援に来させてください。」リム・シンはこのようにハンムラビに書き送りました。（ARM XXVI, 368：8－18）

ラルサ王リム・シンの父クドゥル・マブク、祖父シムティ・シルハク、およびクドゥル・マブクの娘マンジ・ワルタシュは、エラム語の名前をもっており、少なくともリム・シン一族は、エラムとなんらかのかかわりをもっていたと思われる。このあたりに、エラム王国を敵国と想定した相互防衛条約の締結にリ

ヒリトゥム(推定)とその周辺

〔出典〕 H. Gasche & M. Tanret (eds.), *Changing Watercourses in Babylonia, Mesopotamian History and environment*, Series II, Memoirs V, Ghent & Chicago, 1998, p. 45

ム・シンが消極的であった理由があったのではないだろうか。

エラム、イダマラッに侵出

さて、バビロンに向けて侵攻を開始したエラム軍の動向に話をもどそう。エラム軍は、マンキスムとウピを占領し、バビロンに向かう途中ヒリトゥムの町を攻撃した。この町がどこにあったかは不明であるが、シッパルの近くであったろうといわれている。エラムの軍隊はエラム人の軍隊と旧エシュヌンナ軍からなり大勢の兵士を擁していたこともあってか、エラム王は、ヒリトゥム攻略と同時並行的にイダマラッ(ハブル三角地帯)に侵攻、シャムシ・アダド一世の居城のあったシュバト・エンリルを支配下におさめた。そしてここにエラム人将軍クンナムとその軍隊を駐屯させた。イダマラッへのエラムの侵出には、アタムルムなる人物が重要な役割をはたした。

アタムルムは、もともとシンジャル山南のアラハドの王であったが、イバル・ピ・エル二世治下のエシュヌンナに亡命していた。エラム軍がエシュヌンナを攻囲したさい、彼はエラム側についてエラム王の信任をえ、イダマラッおよびシンジャル山南においてエラム王の代理人的役割をはたすようになっていたのである。

さきに、エラムが突然エシュヌンナに攻撃を開始したと述べたが、エラムがエシュヌンナを占領したあと、すぐにバビロニアに進撃を開始した。しかも、エラム王は同時にメソポタミア北部のイダマラッにまで軍を展開した。このような事態は、マンキスムとウピの奪回を試みたハンムラビにとっても、またイダマラッを自国の遊牧民の放牧地と考えるマリ王国のジムリ・リムにとっても、まったく予想外のことであった。

とくにジムリ・リムは、前一七六六年の暮れから翌六五年にかけて大部隊を引き連れて自分の義父のいるハラブ(アレッポ)や東地中海沿岸の都市ウガリトなどを訪問中であった。

この間、ジムリ・リム不在の首都マリに、バビロンのハンムラビから切実な救援依頼が、またイダマラッの親ジムリ・リム勢力の拠点であったイランツラからも緊急の支援要請が寄せられた。これらの要請はすぐにジムリ・リムの許に伝えられた。ジムリ・リムは急きょ予定を変更して首都マリにもどるが、途中エラムとの戦いに備えてヤムハド王やザルマクム地方の小君主たちと同盟を結んできたものと思われる。

エラムの侵攻阻止に動くジムリ・リム

ジムリ・リムが首都にもどって最初におこなったのは、アタムルム率いるエラム・エシュヌンナ混成軍に包囲されているスバルトゥの都市ラザマの救援であった。この時、ジムリ・リムは自国の軍隊のほかに後続のヤムハド王国の軍隊一万人およびザルマクムの軍隊一万人からなる同盟軍も率いていた。この情報は、マリ王の家臣で、イダマラツの遊牧民の長であったイバル・ピ・エルが主君ジムリ・リムに書き送った手紙からえられる。

私のこの手紙を我が主に書き送る今日、メプトゥムの［僕］が「ハンムラビ」に手紙を持って来ました。我々が彼（ハンムラビ）の前に入り（同席しているところで）、彼（メプトゥムの使者）は上の地方（メソポタミア北部）におけるエシュヌンナ王（エシュヌンナに滞在しているエラム王のことか？）の動向を彼（ハンムラビ）に伝えました。

ヤムハドの軍隊に関しては、彼は次のように言いました。「ヤムハドの軍隊一万人がトゥトゥルを出発しました。そしてザルマクムの軍隊1万人（の到着）を［待っています］。そして彼らはイダマラツの地のアタムルムと対戦するために上っていこうとしています。」メプトゥムの僕はこう話しました。（ARM II, 21：14－22, ただしJ-M. Durand, LAPO 16, 350, pp. 542-546 の復元による）

マリの軍隊の規模がせいぜい四千人から五千人であったことを考えれば、同盟軍が合計二万人というのは、途方もない規模の軍隊であったといえる。

この報告を聞いたハンムラビ王は、ジムリ・リムがこれほどの規模の軍隊を率いて向かっているのは本当にイダマラツなのか、もしかして彼はバビロンに攻めくだってくるのではないだろうかと心配した。また、バビロン支援のために派遣されてくるカトナ王国からの支援軍をジムリ・リムが阻止しようとするのではないかと「疑心暗鬼を生ず」の状態であった。イバル・ピ・エルは続けて次のように書いている。

（しかし、）ハンムラビは次のように言いました。「私は次のように聞いた。

『ジムリ・リムはイダマラッに上って行こうとしている』と。しかし、本当にそちらの方に上って行こうとしているのだろうか？　彼（ジムリ・リム）は心の中で次のように考えているのだ。すなわち、『軍隊がカトナからハンムラビのところに（支援のため）上るなどとんでもない。それ（カトナ軍）が、彼（ハンムラビ）と一緒なら、私（ジムリ・リム）の軍隊より多くなる。彼らが、［ジ］ムリ・リムは援軍に［不足］している……などと言うことがあれば、それはとんでもないことだ。……』と。」（ARM II, 21：22－30. 以下数行欠損。ただしJ-M. Durand, LAPO 16, 350, pp. 542-546の復元による）

これに対し、イバル・ピ・エルは、ジムリ・リムがアタムルムの攻撃にさらされているラザマの君主からのたびたびの救援依頼にこたえてイダマラッにのぼって行こうとしているのだといって、ハンムラビを納得させようとした。しかし、彼はイバル・ピ・エルの話を途中でさえぎり、次のように主張した。

彼（ジムリ・リム）がこちらで彼の総力を出し尽くし、我々の敵の［軍勢］（エラム軍）を敗北させられるように貴殿の主に［書き送れ］。その後、彼らの周［辺部（の攻撃）に］戻ろう。我々は（先ず）我々の敵の中心部を［攻撃しよう］。我々の（兵）力は結集されるべきだ。……（ARM II, 21：10－13. 以下数行欠損。ただしJ-M. Durand, LAPO 16, 350, pp. 542-546の復元による）

ハンムラビは、バビロンを標的にしているエラム軍本体を撃退することに全勢力を集中させるべきで、イダマラツ防衛はその次だというのである。ハンムラビの立場からすれば、当然といえるかもしれない。ちょうどこの頃、ハンムラビとジムリ・リムは、おたがいに相手に対する不信の念をいだきつつも、単独でエラム王と和解しないと誓い合い条約を結んでいる。

アタムルムの謀叛とエラムの撤退

さて、途方もない規模の軍隊に直面したアタムルムは、エラム王に軍隊の増派とマリの後背地のスフの地に攻撃をしかけることを要請した。しかし、エラム王がハンムラビ軍との戦いに忙殺されていたためか、アタムルムの要請は聞きいれられなかった。そのため、アタムルムは謀叛を起こして、以下で述べるエラム軍のヒリトゥムからの撤退とほぼ時を同じくしてハンムラビ＝ジムリ・

リムの側についた。アタムルムのこの離叛は、エラム王のメソポタミアからの撤退の決定的な要因の一つとなった。

エラム王は、前一七六四年第四月にヒリトゥムからの撤退をよぎなくされるが、それでもなお三万人の軍隊を率いてティグリス川ぞいにマンキスムからシトゥルムへと北上した。しかし、ジムリ・リムはその頃までにメソポタミア北部で反エラム同盟を結成しており、エラム王はそれ以上北上することができなかった。結局、彼はエシュヌンナの領土で徹底的な略奪をおこなったのち、スーサにもどった。

エシュヌンナの新政権

エシュヌンナには、親ハンムラビ派の人々もいたようで、エラム王が撤退したのち、ハンムラビ自身が空位になっているエシュヌンナの王位につくことも考えたようだが、エシュヌンナの住民は庶民出身の軍人ツィリ・シンを王に選んだ(前一七六四年)。このあと、ハンムラビは、ふたたびエラムと外交関係を樹立することになるが、このことはツィリ・シンとの間に緊張関係を生じさせた。しかし、翌六三年、ハンムラビがラルサを征服・併合(五二頁以下参照)した直後に、ツィリ・シンはハンムラビと和平条約を締結し、ハンムラビの娘を王妃としてむかえいれている。もっとも、この友好関係は長く続かず、両者の間で戦争が始まった。戦争の原因はよくわかっていないが、ハンムラビ治世三二年(前一七六二年)の年名の一つに、「ハンムラビがマンキスムを奪った年」とあることから、前年(前一七六三年)の戦いがマンキスムの帰属をめぐる戦争ではなかったかと考えられている。エシュヌンナ王ツィリ・シンの在位期間は前一七六四〜六三年の二年間であった。

ハンムラビによるラルサの征服・併合

ラルサ王リム・シンは、西アジアのアムル系の王たちのなかで、ハンムラビの側につかず、対エラム戦に援軍を出さなかった唯一の王であった。リム・シンが対エラム戦に参戦しなかったのには、それなりの理由があったことはすでに述べた。しかし、その後、リム・シンは繰り返しバビロンの領土に侵入し、略奪を繰り返した。ハンムラビがこれに対し強くいきどおっていたことを、ハンムラビの言葉を引用しながら、ジムリ・リムの家臣は主君に報告している。

さて、ラルサの王は繰り返し襲撃して私（ハンムラビ）の国を執拗に悩ませた。偉大な神々がエラム王の爪をその国から取り除き（エラム王の支配から解放し）、私がラルサの王に多くの好意を施した後、彼は彼の好意でもって私に償っていない。（ARM XXVI, 385：8－14）

ハンムラビは、ついにラルサ王国を滅ぼす決意をし、進撃を開始した。ハンムラビは、これまで、宗主のシャムシ・アダド一世やエラム王に従って戦闘に参加したことがあっても、他国を滅ぼすための本格的な戦争をおこなったことがなかった。しかし、今回、ヒリトゥムの戦いでエラム軍の撃退に成功したことが大きな自信となった。ハンムラビがどこかの時点でメソポタミアの統一を考え始めたとしたら、それはヒリトゥムでエラム軍を撃退してからではなかっただろうか。

さきに紹介したジムリ・リムの家臣は、続けてハンムラビの言葉を引用しつつ、彼のラルサへの進撃開始とその経過を報告している。

さて、私（ハンムラビ）はシャマシュ神とマルドゥク神に不満を訴えたと

内蔵占師用の粘土製肝臓模型　肝臓が約50の部位に分けられ、それぞれに前兆と除災儀礼用の呪文が書かれている。内蔵占師用の手引きと思われる。一三・三×八・三センチ。大英博物館蔵。

ころ、彼ら（シャマシュ神とマルドゥク神）は私に（内蔵占いにおいて）「イエス」と回答してくださった。神（の同意）なしには私はこの攻撃をしない」。彼（ハンムラビ）は彼の軍隊に次のように言いました。「行け！　どうか神がお前たちの前を進まれるように。もし［お前たちが到］着すれば、その都市はお前たちの前に開かれる。（お前たちは）その和平に伴う賠［償］を取れ！」と。（ARM XXVI/2, 385：8–18）

ハンムラビの時代のメソポタミアでは、重要な決定をくだすさいにはかならず内臓占いをおこなって神意をうかがった。軍隊にはしばしば内臓占い師が随行した。時には内臓占い師が二〇〇〜三〇〇人規模の部隊の指揮官を務めることもあった。内臓占い師は、「戦争をすべきか否か」のように、イエスかノー（吉か凶）で回答できるよう設問し、ヒツジやヤギを神（々）に捧げたあと、解体し、おもに肝臓の諸部位を点検し、イエスかノーか（吉か凶か）を判断した。そして、王や遠征中の隊長は占い結果に従って行動した。時には、念をいれて、あるいは望んでいる回答がでるまで、同じ設問に二度または三度内臓占いを繰り返すこともめずらしくなかった。

ラルサ出土と伝えられる銅製の像
台座には椅子に座る神の前で跪く祈願者と横たわる牡羊の二つの場面の浮彫と横書きの碑文がある。碑文には、ラルサの役人「ルナンナがバビロン王ハンムラビの長寿を願って」アムル(マルトゥ)神にこの銅像を奉納したことが記されている。高さ一九・二センチ、ルーヴル美術館蔵。

「聖戦」としてのラルサ征服戦争

この手紙には、ハンムラビが内臓占いをおこなわせたと書かれてはいないが、「彼ら(シャマシュ神とマルドゥク神)は私に「イエス」と回答してくださいました。」という表現から、明らかに内臓占いがおこなわれたことがわかる。ハンムラビは敵国ラルサの主神であるシャマシュとバビロンの主神であるマルドゥクの神意をうかがい、両神から「イエス」の回答をえて、ラルサに対する進撃を開始した。ハンムラビが部下たちに命じた言葉からもわかるように、これはまさに「聖戦」であった。

ハンムラビは、まずラルサ王国の北の中心都市であるマシュカン・シャピルに軍隊を派遣して包囲した。ここに引用したARM XXVI/2, 385の保存状態があまり良くなく、意味不明瞭なところもあるが、この手紙は、マシュカン・シャピルの混乱ぶりと、マシュカン・シャピルがリム・シン王に対し反乱を起こし、数日のうちにハンムラビに降伏するだろうというマシュカン・シャピルから もどった者たちの情報をジムリ・リム王に伝えている。

リム・シンの兄弟であるシン・ムバッリトと三人の大隊［長とX］千人

ハブル三角地帯、上ジャジーラの大麦収穫風景　天水農耕の一例。

の軍隊は［マシュカ］ン・シャピルの［町のただ］中にあって包囲されています……。そして、(ラルサ王リム・シンに対して)反［乱を起］こす準備をしています。今から三日か四日の内にマシュカン・シャ［ピル］の町は征服されるでしょう。何の抵抗もしないでしょう」。この情報は(マシュカン・シャピルから)帰還した者たちが話したもので、［私が知］り得たことを我が主(ジムリ・リム)［に書き送ります］。(ARM XXVI/2, 385：38－47)

ヤムトバル部族の中心都市であったマシュカン・シャピルがハンムラビの軍隊に征服された時、ヤムトバルは全土をあげて、ハンムラビに「万歳！」と叫んだという。このあと、マシュカン・シャピル(ヤムトバル)の軍隊は、ハンムラビの軍隊と一緒になってリム・シン王が立てこもっているラルサの町の包囲に参加した。ジムリ・リムの家臣のヤシム・ハンムは主君に次のように報告している。

マシュカン・シャピルが占領された時、ヤムトバルの国は全土を挙げて、「わが主(ハンムラビ)よ、万歳！」と叫びました。ヤムトバルの軍隊は、ハンムラビの軍隊の宿営地で宿営しています。ハンムラビはそれらの軍隊

ハブル三角地帯の西端に位置するハラフの風景　農耕と牧畜が共存している風景に注目。

を指揮して、ラルサの町を包囲しています。（ARM XXVI/2, 383：6－11）

首都ラルサの占領には数カ月要したようであるが、前一七六三年中頃までには完全に占領された。ハンムラビは王領地は没収したが、一般住民の耕地には手をつけず、これまでの権利を保障した。彼は、ハンムラビ法典の「まえがき」部分で、自分のことを「ラルサを赦した者」と呼んでいるが、これは虚言ではない。

ハンムラビによるマリ王国の征服

前一七六二年初め、今はハンムラビの属王の一人となったアタムルムが後継者を残さず死亡した。ハンムラビはこの王位継承に介入し、アンダリグをアンダリグとアラハドの二王国に分割して、それぞれに王を任命した。また、二万人ものバビロン軍を上ジャジーラの地に派遣して、近隣の諸小王国にバビロンの存在感を誇示した。

ジムリ・リム治下のマリ王国はこのあとまもなくハンムラビに滅ぼされることになる。ハンムラビが、なぜ長年の同盟国を占領し、その約一八カ月後に周壁と王宮を完全に破壊したのだろうか。この疑問についていろいろ推測はできるものの、答えはない。

ハンムラビは、ジムリ・リムに対して不信感を捨て去ることができなかったことについてはすでにふれたとおりであるが、ジムリ・リムもまたハンムラビに対して全幅の信頼をおくことができなかったようである。バビロンに軍隊とともに派遣されていたマリの内臓占い師エリブ・シンは、主君ジムリ・リムの指示に従い、バビロンに派遣されたマリの軍隊の安全に関して、「ハンムラビが捕らえはしないか、殺しはしないか、殺させはしないか、悪意からであれ善意からであれ、その軍隊を牢獄に留置させはしないか、彼らが生きてマリの市門を出てきたように、生きて(再び)マリの市門をくぐる事ができるかどうか」と設問して、内臓占いを実施し、その占い結果が「吉」であったことを主君に報告していた(ARM XXVI/1, 100－bis：29－54)。ハンムラビとジムリ・リムの間の信頼関係の欠如が最終的にハンムラビによるマリの占領と破壊につながったのかもしれない。

確かなことは、前一七六二年第十一月を最後にジムリ・リムについての言及がなくなること、同年第十二月の文書がジムリ・リムの年名で日付が付された最後の文書であること、さらに、翌六一年第七月の日付のあるバビロンの役人がつくった仕分け札がマリから発見されていて、この時点までにバビロンの占領軍がマリに進駐していたことを示していることなどである。

ハンムラビ治世三三年の年名では、前年すなわち前一七六一年の二つのできごとが記念されている。一つ目は、「ハンムラビは人々の豊かさである」という名の運河を掘った（浚渫した）」こと、二つ目は「武器でもってマリとマルギウムの軍隊を敗北させ、マリとその近隣の町々、およびスバルトゥの山岳地帯の多くの町々、エカラトゥム、ブルンドゥムの全域、とザルマクムの地、すなわちティグリス川河岸からユーフラテス川河岸までを征服し、彼らを彼の命令の下、平和のうちに住まわせた……」ことである。この年名の後半で、バリフ川上流のザルマクム地方への遠征に言及していることから、ハンムラビはアタムルムの後継者問題を機にシンジャル山地方に示威遠征したのち、ティグリス川上流域から西方のザルマクム地方に進軍、ついでバリフ川ぞいにくだり、トゥトゥルを経由してユーフラテス川ぞいの道を南下、その途中マリを征服したのか、あるいはこの北まわりの部隊とは別に、それに呼応してユーフラテス川ぞいを遡るかたちでバビロンから派遣された別動隊がマリをはさみ撃ちにしたのか、いくつかの説が提案されている。すでにふれたように、その一八カ月ほどあとにハンムラビ軍はマリの周壁と王宮を完全に破壊した。こうして、ハンムラビは全メソポタミアを統一した。ハンムラビはこの年(治世三四年＝前一七五九年)から自分の王号に、新たに「アムル全土の王」を加えている。ただし、マリより上流のユーフラテス川流域やハブル三角地帯にどの程度彼の実効支配がおよんでいたのかかならずしもはっきりしない。

ハンムラビは全メソポタミア統一を達成したあと、なお一〇年近くバビロン王として統治するが、マリの征服・破壊でマリ文書が途絶えたため、その後のハンムラビの統治については、ハンムラビ法典の作成を別にして、あまりよくわかっていない。

ハンムラビのあとを継いだサムス・イルナの治世九年以降の年名に、異民族カッシート人との戦いやそれまでバビロンの支配下にあった諸都市の反乱についての言及がみられるようになり、バビロンの支配に陰りがみえ始める。サムス・イルナのあと、バビロンにはさらに四人の王が登場したが、紀元前一五九五年、バビロン第一王朝はヒッタイトのムルシリ一世の軍隊の攻撃を受けて滅びた。

③—豊饒の維持者としてのハンムラビ

ハンムラビと運河工事

バビロニアは年間降水量が二〇〇ミリ以下で、人工灌漑に頼らなければ農耕が不可能な土地であった。しかし、灌漑用の運河を開削し、維持することができれば、主穀である大麦の場合、塩化現象がみられるようになったハンムラビの時代にあってもなお播種量の約三〇倍の収穫があったといわれている。逆に、洪水による川の流路の変動、あるいは戦争や社会の混乱による運河や灌漑施設の崩壊は、それに依存する住民の離散をまねくことになった。運河や灌漑施設を整備し、定期的に浚渫するなどの維持管理に努めて耕地の生産性を確保することは王たるものの責務の一つであった。

ハンムラビ関連の史料のなかで言及されている運河の開削ないしは浚渫は三つある。一つ目は、ハンムラビ治世九年の年名で、「ハンムラビは豊饒である」という名の運河の開削または浚渫を記念している。二つ目は、シッパルから出土した複数の土製釘(RIME 4, E4, 3, 6, 2)で、「……、私はその(シッパルの)運河を掘り、その地に絶えることのない水を供給した。私は富と豊かさを積み上げた。私は(こうして)シッパルの人々に喜びを確立した。」と書かれている。これは、おそらく治世二五年の年名で記念されているシッパルの周壁修復の時(治世二四年、前一七七〇年)にあわせておこなわれた運河工事に言及したものと思われる。これら二つの運河の開削または浚渫は、ハンムラビによるバビロニア統一前におこなわれたもので、地域的にかぎられたものであったと思われる。

ここで、運河の「開削または浚渫」と述べた。原語では「掘る(ヘルー)」という動詞が使われている。この動詞からだけでは、新規の開削なのか既存の運河の浚渫・整備なのかを判断することは難しい。都市バビロンを中心としたバビロニア北西部の発展(人口増)は古バビロニア時代になってからであり、したがって運河の掘削も新規の掘削であった可能性がある。しかし、バビロニア南部の諸都市は長い歴史を有し、当然それらの都市に水を供給する運河もシュメールの時代に掘削されたが、その後戦乱その他の理由で荒廃してしまった運河もあったはずである。したがって、この場合の「掘る(ヘルー)」は浚渫・整備を意味することもあったと思われる。

国土回復のための大運河工事

次に述べる運河「ハンムラビは人々の豊かさである……」の場合は、浚渫・整備に該当すると思われる。この運河の浚渫・整備は、ハンムラビの治世三三年の年名で記念されている大工事であった。以下に年名を紹介する。

ハンムラビ、王が、『ハンムラビは人々の豊かさであり、アヌム神とエンリル神の愛する者である』（という名の）運河を浚渫し、ニップル、エリドゥ、ウル、ラルサ、ウルク及びイシンに絶えることのない豊かな水を供給し、散らされたシュメールとアッカド（の人々）を元に戻した。（ハンムラビは）戦いでマリとマルギウムの軍隊を倒し、マリとその（周辺の）町々、スバルトゥの山岳地帯（ティグリス川の河岸からユーフラテス川までの間のエカラトゥム、ブルンドゥムおよびザルマックムの地）の多くの都市を平定し、彼（ハンムラビ）の命令の下、（それらの都市の住民を）友好的に住まわせた年。

この年名は、史料により言葉遣いに多少の違いがあり、運河の名称も「ハンムラビは人々の豊かさである」が用いられることが多い。年名の後半では、マリの征服とスバルトゥからザルマクムまで、すなわちティグリス川中流域からユーフラテス川中流域までの間の地(メソポタミア北部)の征服を記念していることからわかるように、運河「ハンムラビは人々の豊かさである」の浚渫・整備は、ハンムラビの治世三二年にメソポタミアを統一したあとにおこなわれた国土回復の大事業であったことがうかがえる。

ハンムラビは、ハンムラビ法典の「まえがき」で、自分自身をカッコ内の都市に関連して「富と豊かさを積み上げた者」(ニップル)、「復旧した者」(エリドゥ)、「豊かにした者」(ウル)、「豊かな収穫を積み上げた者」(ラルサ)、「豊饒の水を回復した者」(ウルク)、「散らされた人々を集めた者」(イシン)などと呼んでいるのは、運河「ハンムラビは人々の豊かさである」の浚渫・整備を指していると考えられる。

大運河工事を記念した王碑文

じつは、この運河「ハンムラビは人々の豊かさである」の浚渫・整備とそれに付随しておこなわれた取水口防備のための要塞の建設を記念して作成された王碑文（RIME4, E4, 3, 6, 7）が残っている（上段図版参照）。

一〜九行

　ハンムラビ、強き王、バビロンの王、四方世界を服従させた王、マルドゥク神の（ために）勝利を達成した者、彼の心を喜ばせた牧夫▲、私、

一〇〜一六行

アヌム神とエンリル神がシュメールとアッカド全土を、（そのような）私に統治するようお与えになり、彼ら（人々）の手綱（文字通りには「鼻綱」）を（そのような）私の手にお渡しになった時、

一七〜三七行

私は、確かに、シュメールとアッカド全土に豊饒の水をもたらす運河ハンムラビ・ヌフシュ・ニシー（「ハンムラビは人々の豊かさである」）を掘り、その両岸を可耕地に変え、穀物の山を常に積み上げ、シュメールとアッカド全土に（絶えることのない）永遠の水を提供し、シュメールとアッカド全土の散らされた人々を集め、彼らのために牧草地と灌漑地を提供し、彼らを富と豊かさの中で牧し、彼らを平穏の住みかに住まわせた。

▼牧夫　メソポタミアには、古くから人々をヒツジになぞらえ、王をヒツジの群れの世話をする牧夫あるいはヒツジ飼いとする考え方があった。

ハンムラビの王碑文（RIME 4, E, 4, 3, 6, 7）　表面に二七行、裏面に三〇行にわたってアッカド語碑文が書かれている。石灰岩製石板、高さ二八センチ、幅一八・七センチ。写真は表面。ルーヴル美術館蔵。

三八行
　その時、
三九〜四一行
ハンムラビ、強き王、偉大な神々の寵愛を受ける者、私は、
四二〜四三行
マルドゥク神が私にお与えくださった強力な力でもって、
四四〜五七行
頂きが山のように高い大きな要塞を大量の土でもって運河「ハンムラビ・ヌフシュ・ニシー」の取水口（のところ）に築いた。私は、その要塞を「私の生みの父、シン・ムバッリトの要塞」と名付けた。（こうして）私は生みの父、シン・ムバッリトの名を（四方）世界に顕彰した。

この王碑文は、次のような構造になっている。

Ⅰ　神々によるハンムラビへの職務委任（一〜一六行）

一〇〜一六行は、バビロニアの最高神、アヌムとエンリルが「シュメールとアッカド（＝バビロニア）」の人々の統治権を「私」に委任された時、と時を

あらわす接続詞 *inu*（英語の when に相当）で始まる副詞節になっている。ただし、ここでは文章の格調を高めるために、王名＋タイトルおよび修飾句（エピセット）＋「私」（一～九行）が、「中ぶらり」のかたちで、接続詞 *inu* より前におかれている。

Ⅱ　ハンムラビによる職務遂行（その一）（一七～三七行）

ハンムラビが主語となり、運河を掘り、人々を豊饒と平穏のうちに住まわせたことが述べられる。ここで *inu*（……時）で始まる文章が完結する。

Ⅲ　ハンムラビによる職務遂行（その二）（三八～五七行）

「その時」（三八行）で始まる文章もハンムラビが職務を遂行したことを述べるが、三九～五七行は、より具体的に、この王碑文作成のきっかけとなった運河の取水口における要塞建設について述べる。文頭の「その時」は、文法的には、神々による職務委任を語る副詞節の *inu*（……時）を受けると考えられる。

この王碑文の文章構成は、ハンムラビ法典の「条文」と「条文」に付された総括文を除いた部分（「まえがき」＋「あとがき」）に極めて類似していて、ハンムラビ法典全体の文章構成理解の参考になるため、のちにもう一度ふれる。

④—正義の維持者としてのハンムラビ

王碑文としてのハンムラビ法典

ハンムラビは、メソポタミア南部、すなわちバビロニアだけでなくメソポタミア北部を含む広大な地域を統一するという大事業を成しとげたあと、法典碑をつくらせた意図はどこにあったのだろうか。

一般に、ハンムラビ法典は、「まえがき」と「条文」と「あとがき」の三つの部分からなるといわれる。しかし、「条文」とそれらを総括する文章、「(これらが)ハンムラビ(三人称)、有能な王、が確立し、(それによって)国(民)に真にして善なる道を歩ませようとした正しい判決である。」を取り除いた残りの部分は、ひとつづきの王碑文として読むことができる。早くから、ハンムラビ法典と王碑文との関連性を指摘する研究者はいたが、ハンムラビの文章構成上のモデルが王碑文にあることを、第三章で紹介したハンムラビの王碑文RIME 4, No. 7と比較することにより説得的に示したのはV・A・ハロヴィッツ(一九九四年)であった。

王碑文は、もともと神殿などの建造物や付属施設の建立・奉献を記念して作成された。ハンムラビ法典は、この王碑文の形式を借りながら、その一部に「条文」とそれに付随する総括文を組み込むことによってできあがっているというのが、V・A・ハロヴィッツの主張である。以下にハンムラビの王碑文RIME 4, No. 7 (LIH 95)（以下「王碑文」と略す）とハンムラビ法典（以下法典と略す。また、ローマ数字はコラムをあらわし、算用数字は行をあらわす）の文章構造上の対応関係を示しておく。法典（3）あるいは（4）などの（　）内の数字は、七〇頁以下の段落分けされたハンムラビ法典の段落番号を指す。

ハンムラビ法典は、文章構造上、大きくI～Vの五つの部分に分けることできるが、IとIIはさらに（1）～（9）の段落に分けることができる。その上で「王碑文」と比較すると、法典（3）（I 50–V 13）は「王碑文」の一～九行に、法典（4）（V 14–19）は「王碑文」の一〇～一六行に、法典（5）（V 20–24）は「王碑文」の一七～三七行に、法典（6）（V 25）は「王碑文」の三八行に、また、法典（7）～（9）（裏面 XXIV 9–78）は全体として「王碑文」の三九～五七行に対応する。特に法典（8a）（裏面 XXIV 22–29）は「王碑文」の四二～四三行に、また法典（9）（裏面 XXIV 59–78）は「王碑文」の四四～五七行に対応している。ハンムラビ法典の主要部分における「王碑文」との対応関係はみごとというほかない。

以下では、ハンムラビ法典の「まえがき」と「あとがき」をひとつづきの王碑文として読み、その制作意図を探ってみよう。

王碑文としてのハンムラビ法典にみる法典作成の意図

I　神々によるハンムラビの召命と職務委任（I 1–V 19）

（1）I 1–26（要約と解説）

諸神の王アヌムと天地の主エンリルがマルドゥク神に全人民に対するエンリル権（王権）を割当て、バビロンをその崇高なる名で呼び（創造し）、そのただ中にマルドゥク神の王権を確立されたとき（ゴシック体の部分はハンムラビ法典の訳または要約）、

話は、はるか昔都市バビロンが創造され、その主神マルドゥクに対するエンリル権（王権）が授与された時にまで遡る。おそらく、長い歴史と伝統のあるシ

ハンムラビ法典が刻まれた石碑断片　左頁の写真はハンムラビ法典碑とともに同じスーサで発見された八つの法典碑断片の一つ。両面に碑文が刻まれている。写真は表面で、第一段（コラム）にハンムラビ法典一二五条の一部が、第二段に一二六条の後半部分と一二七条の前半部分、そして第三段には一二八条と一二九条の一部が残っている。裏面にはあとがきの神々の呪いの部分が一部残っている。興味深いのは、表面第二段の左から六行目で物品の寄託を扱う一二〇～一二六条が終わり、一二七条以下の修道女や他人の妻に対する名誉棄損罪・屈辱罪へとテーマが移る際に一行空けていることである。同様の工夫が第三段のなかほどにも見られる。ここでは、「妻」を法的に規定した条文（一二八条）から主に結婚している女性の不倫／不倫疑惑あるいは強姦を扱う条文（一二九条以下）へとテーマが移るため一行空けている。このような工夫は有名なハンムラビ法典碑には見られない。玄武岩製、高さ一六センチ、幅一二七センチ、厚さ二〇・五センチ。ルーヴル美術館蔵。

ユメールの諸都市をさしおいて、なぜ新参者のバビロンがメソポタミア統一の栄誉を担うことができたのかという疑問に答える必要があったのだろう。

（2）I 27–49（解説と全訳）

ついで、ハンムラビ召命の話となり、その目的が明らかにされる（I 27–49）。なかでも、「国土に正義を顕すために、悪しき者邪なる者を滅ぼすために、強き者が弱き者を虐げることがないために」自分が召命されたのだという自覚は、ハンムラビの法典作成の意図と直接関係する。なお、全訳および抄訳の部分は「カッコ」を付した。「そのとき、アヌム神とエンリル神は、ハンムラビ、敬虔なる君主、神々を畏れる私を、国土に正義を顕すために、悪しき者邪なる者を滅ぼすために、強き者が弱き者を虐げることがないために、太陽のごとく人々の上に輝きいで国土を照らすために、人々の肌（の色つや）を良くするために、召し出された。」

（3）I 50–V 13（概要）

I 50–I 53に「ハンムラビ、牧者、エンリル神に召された者、私」とあり、その後に二五の都市とその守護神のそれぞれに対してこれこれの好意ある、あるいは敬虔な行為をおこなった者というエピセット（修飾句）が二二〇行余りにわたって付され、最後に「スム・ラ・イルの子孫、シン・ムバッリトの強き息子、永遠の王朝に属する者、……私」とハンムラビの出自（IV 67–V 13）を示す修飾句がつく。「ハンムラビ、……、私」は宙ぶらり（*casus pendens*）の状態にあるが、じつは次のV19の「私」を先どりして強調するために、時をあらわす副詞節（V 14–19）の前におかれている。

（4）V 14–19（全訳）

「マルドゥク神が人々を導き全土に社会道徳を教えるよう（そのような）私にお命じになったとき、」

II　ハンムラビによる職務遂行

（5）V 20–24（全訳と解説）

「私は真実と正義を国（民）の口に上らせ、人々の肌（の色つや）を良くした。」

ここで、ハンムラビ法典の二つ目の文（センテンス）が文法的に完結する。上の（1）～（4）までは、神（々）が主語で、ハンムラビは神（々）から職務を委任される対象として登場するが、（5）以降はハンムラビが主語となり、しかも一人称で神々から委任された職務を遂行したことを述べる。

（6）V 25（全訳）

「そのとき、」

> 二八二の「条文」（V26－裏面 XXⅢ102）（省略）
>
> 「（これらが）ハンムラビ（三人称）、有能な王、が確立し、（それによって）国（民）に真にして善なる道を歩ませようとした正しい判決である。」（全訳）（裏面 XXIV 1－8）

（7）裏面 XXIV 9－21（全訳と解説）

「ハンムラビ、完全なる王、私は、エンリル神が贈ってくださり、マルドゥク神が彼ら（人々）の牧人権（王権）を私にお与えになった人々（直訳：黒頭人）に対して怠けず、無為に過ごすこともなかった。私は、彼らのために安全な場所を絶えず求め、隘路を切り開き、光を照り輝かせた。」

（6）の「そのとき、」（V 25）は、（7）、すなわち裏面 XXIV 9－21, にかかる副詞句で、「そのとき、……私は……人々に対して怠けず、無為に過ごす事もなかった。……。」とハンムラビが神々から委任された職務を滞りなくはたしたことが一般的な言葉で簡潔に述べられる。したがって、二八二の「条文」とそのあとに付された総括文（裏面XXIV 1–8）は、ハンムラビによる職務遂行の一環として、彼の職務遂行を述べる文章のなかに組み込まれたものと考えられる。このような手法はすでにウルナンム（ウルナンマ）法典（七八頁参照）にみられ、ハンムラビ法典独自のものではない。

（8a）裏面XXIV 22–29（解説と全訳）

ハンムラビは、神々から与えられた手段でもって（8a）、職務を遂行したことをやや具体的に述べ（8b）、次の（9）でこの王碑文作成の直接的なきっかけとなったハンムラビ法典碑の作成に言及する。

「ザババ神とイシュタル女神が私に託された強い武器でもって、エア（エンキ）神が私に定められた知恵でもって、マルドゥク神が私に与えられた能力でもって、」

（8b）裏面XXIV 30–58（抄訳）

「北や南で敵を根絶し、戦いを鎮め、国民の肌の（色つや）を良くし、（すべての）居住地の人々を安全な牧草地に住まわせ、誰にも彼らを脅かさせはしなかった。……。」（裏面 XXIV. 30－58）

（9）裏面 XXIV59－78（全訳と解説）

「強者が弱者を損なうことがないために、身寄りのない女児や寡婦に正義を回復するために、アヌム神とエンリル神がその頂きを高くした都市バビロンで、その土台が天地のごとく揺らぐことのない神殿エサギラで、国（民）のための判決を与え、国（民）のための決定を下すために、虐げられた者に正義を回復するために、私は私の貴重な言葉を私の碑に書き記し、（それらの言葉を）正しい王である私のレリーフ（浮彫）の下に（直訳：前に）置いた。」

ハンムラビのいう正義とは社会正義のことで、社会的にもっとも弱い立場にあった身寄りのない女児と寡婦に正義を回復するために、また社会的に強い立場にある者が弱い立場にある者を虐げることがないためにハンムラビ法典が作成されたことが明らかにされる。

このあと、前後の文章と直接関係のない二つの短い自己賛歌（裏面 XXIV 79－

83と裏面 XXV 95–XXVI 1)を別にすると、Ⅲ自身のための祈願(裏面 XXIV 84–XXV 58)、Ⅳ法典碑に注意をはらう後世の王たちに対する祝福(裏面 XXV 59–XXVI 17(ただし裏面 XXV 95–XXVI 1 の自己賛歌の部分を除く)と、Ⅴこれを毀損したり改ざんしたりする後世の王たちに対する呪い(裏面 XXVI 59–XXVIII 91)の文章が付されている。王碑文の末尾に呪いが付されることがあるが、ハンムラビ法典に付された呪いの文章は非常に長い。

後世の人々に託すハンムラビの願い

上の(9)、すなわち裏面 XXIV78までのところで、ハンムラビが法典碑を作成させた意図が十分読み取れるのであるが、Ⅲの自身のための祈願(裏面 XXIV, 84–XXV, 58)のなかにも、ハンムラビが人々にどのように評価してもらいたいと思っていたのかがよく読み取れる文章がある。

「訴訟を起こそうとしている被害者は正しい王である私のレリーフの前に来るように。そして(判決が)書かれた碑を読んでもらい、私の優れた言葉を聞くように。私の碑によって(彼の)事例(ケース)を示してもらい、彼の

〔事例の〕判決を見るように。〔そして〕彼の［心］を安心［させるように］。そして、『ハンムラビ、人々に対して実の父親のごとくである主は、彼の主であるマルドゥク神の言葉に懸命に心を配り、北や南でマルドゥク神のために勝利を挙げ、マルドゥク神の心を喜ばせ、人々に対しては〔色つやの〕良い肌を永遠にわたって定め、国に正義を回復されました。』と、彼が言うように。そして、私の主人マルドゥク神と私の女主人ツァルパニトゥム女神の前で私のために彼が祝福の祈りを捧げるように……。」〔裏面XXV3–58〕

ハンムラビの時代に読み書きができたのは書記と呼ばれる人々にかぎられ、それ以外の人々は王も含めて、読み書きができないのがふつうであった。したがって、人は自分が訴訟を起こそうとしている事例がハンムラビ法典のどの「条文」に該当するのかを知るには、読み書きのできる人に読んでもらい、その帰結を聞く以外に方法がなかった。ここでは、訴訟を起こそうとしている人が、自分の事例がどの「条文」に該当し、その帰結がなんであるかを聞いて安心し、バビロンの主神マルドゥクとその配偶神ツァルパニトゥムの前で、ハンムラビは(1)北や南で勝利をあげ、(2)人々のために実り豊かな収穫を保障し、(3)国(民)に正義を回復してくれました、と讃えてくれるようにと願っている。これら三つの責務をはたす王こそハンムラビにとっての理想の王の姿であった。

正義の維持者としての王と法典

「正義」という言葉がメソポタミアの文献に最初にあらわれるのは、古アッカド時代(前二三三四～二一九三年)の終わり頃であった。そして、バビロニアだけでなくその周辺地域をも支配する統一国家が完成するウル第三王朝の時代になると、国家の防衛と豊饒の確保のほかに、社会正義の維持が王の責務であると考えられるようになった。それが具体的なかたちをとったのが、王による法典の作成であった。

メソポタミアにおける最初の法典がウル第三王朝初代の王ウルナンム(最近はウルナンマと呼ばれることが多くなった、在位前二一一二～二〇九五)が作成させたシュメール語のウルナンム法典であった。粘土板写本に残っている「まえがき」の最後に、「私は、憎しみ、暴虐、そして正義を求める叫び声(の原因)を取り除いた。私は国土に正義を確立した」とあり、ウルナンムが正義の維持に強い関心をいだいていたことがわかる。

次に古い法典は、イシン王朝第五代の王リピト・イシュタル(在位前一九三四〜二四)が作成させたリピト・イシュタル法典である。これもシュメール語の法典である。リピト・イシュタル法典の「まえがき」にも、「そのとき、アヌム神とエンリル神は、国土に正義を確立し、正義を求める叫び声(の原因)をなくし、憎しみと暴虐を取り除き、シュメールとアッカドの地に福祉をもたらすために、……リピト・イシュタルを召命した。」と書かれており、リピト・イシュタルも社会正義の確立と維持が王の重要な責務であると考えていた。

三番目に古い法典として名をあげられるのが、アッカド語で書かれたエシュヌンナ法典である。エシュヌンナ法典の作成を命じたのはディヤラ川扇状地帯の強国エシュヌンナの王のダドゥシャであった。彼の治世の最後の一〇年あまりとハンムラビの治世の最初の一〇年あまりがかさなっていたと考えられているが、正確な治世年は不明である。エシュヌンナ法典には、もともと「まえがき」と「あとがき」がなく、エシュヌンナ法典の作成意図を知ることはできない。

ハンムラビ法典は四番目に古い法典ということになる。したがって、ハンムラビ法典が王碑文の形式を範としている点や社会正義の維持が王たる者の責務の一つであると考えていることなど、ウルナンム法典以来の伝統を継承していると考えてよい。しかも、社会正義の維持が王たる者の責務であるという考え方は、次に紹介するアレッポの主神アッドゥ(アダド)がマリ王ジムリ・リムに送ったメッセージ(神託)が示すように、ハンムラビ時代の西アジアにかなり広く行きわたっていた可能性がある。このメッセージはアレッポに駐在したマリの高官であったヌール・シンから主君ジムリ・リムに宛てた手紙のなかで報告されている。

……［話変］わって、ハラブ(アレッポ)の主、アッドゥ神のアーピルム預言者が［アブ・］ハリム［と一緒に］やって来て次のように私(ヌール・シン)に言いました。「私(アッドゥ神)は、お前(マリ王ジムリ・リム)を私の胸の中で育み、お前をお前の一族の王座に戻したハラブの主、アッドゥではないのか。私は、お前から何も要求していない。虐げられた男や虐げられた女がお前に訴える時は、立って彼らの訴訟を裁きなさい。これこそ私がお前から要求していることである。私が書き送るこのことを行いなさい。私の言葉に（十分）注意を払いなさい。（そうすれば）私は全土を東から西まで、また……の国をお前に与えよう」。ハラブの主、アッドゥ神のアーピルム預言者は、このようにアブ・ハリムの前で私に言いました。どうか我が主よ、このことをご承知おきください。

いくつかの断り書き

ここでいくつか断っておかなければならないことがある。第一に、ハンムラビ法典中の「条文」は裁判が準拠すべき法規ではないということである。バビロニアの裁判記録が数多く残っているが、ハンムラビ法典に言及した裁判記録は一点も残っていない。また、上で引用した「条文」のあとに付された総括文は、これらを判決と呼ぶ。したがって、ハンムラビ法典は模範的な判決を集めた一種の手引書であって、法的拘束力をもつ法規ではなかった。

第二に、「条文」が法規でないとすれば、これを第○○条と呼ぶのも適切ではない。しかし、本書では、慣例に従って、第○○条と呼ぶことにする。

第三に、上で「条文」の総数を二八二と述べたが、これも慣例に従っているにすぎない。ハンムラビ法典碑の表面の下方が五ないしは七コラム削りとられており、この部分にいくつの「条文」があったかを正確に知ることはできない。そのため、一九〇二年にハンムラビ法典を出版したシェイルは、裏面の最初の「条文」を便宜上一〇一条(シェイルは§101と記す)としてそれよりあとの「条文」に順次番号を付した。シェイルが「条文」に付した最後の番号がたまたま二八二であったということであって、ハンムラビ法典が二八二条の「条文」からなるということではない。

第四に、本書では、これも慣例に従って、ハンムラビ法典という呼称を用いるが、法典とは、『六法全書』のように法規を組織的に集大成したものを指すので、この呼称は適切とはいえない。

ハンムラビ法典の「新しさ」

　ハンムラビ法典は、ウルナンム法典以来のメソポタミアの法典の伝統を継承したものであることはすでに述べた。しかし、ハンムラビ法典には、これまでの法典にみられなかった「新しさ」がみられないわけではない。例えば、ハンムラビ法典の第二五条までの部分には、偽証罪や窃盗・横領・強盗などをあつかった「条文」が集められているが、帰結が死罪となっているものがめだつ。死罪は公的秩序を乱す恐れのある犯罪や公的財産の窃盗などに適用されていて、刑事罰の側面が強くなっているといえる。

　また、古代メソポタミアの社会は、自由人と、数は多くないが、奴隷から成り立っていた。しかし、ハンムラビの時代に自由人階層がアウィールムと呼ばれる上層自由人とムシュケーヌムと呼ばれる一般自由人に階層分化した。ハンムラビ法典の一部にこの新しい状況が反映されており、例えば、「目には目、歯には歯」のいわゆる同害復習の原則がみられる第一九六〜二〇一条では、加害者が同じアウィールム（上層自由人）であっても、被害者が奴隷の場合はもちろん、同じ自由人でも上層自由人か一般自由人かによって帰結に違いがあった。

被害者が一般自由人の場合は、ウルナンム法典(例えば、第二三～二四条)やエシュヌンナ法典(第四二条)の場合のように、被害者の救済に重点がおかれ、加害者に対して、目をそこなった場合は銀一マナ(約五〇〇グラム)、歯をそこなった場合には銀三分の一マナ(約一六七グラム)の償い金が科せられたが、被害者がエリート階層を構成する上層自由人の場合は、社会に対する脅威とみなされたのか、被害者の救済ではなく、加害者に対して同害復讐の原則にもとづく刑事罰が科せられた。これは、ハンムラビ法典より古い法典にはみられない特徴である。

役人の不正は厳しく糺す

ハンムラビは、「法典」を作成させたことで、少なくとも表向きは正義の維持者としての責務をはたしたといえる。しかし、彼の実際の統治はどうだったのだろうか。幸い、ハンムラビの場合、旧ラルサ王国にバビロンから派遣された家臣たちからの問い合わせやラルサ住民からの訴えにこたえて書き送られたハンムラビの手紙が二〇〇通近く残っている。その多くは、旧ラルサ王国にバ

ハンムラビがシャマシュ・ハジルに宛てて粘土板に書いた手紙の一つ
ラルサ出土。ルーヴル美術館蔵。

ビロンから総督として派遣されたシン・イッディナムと、これも旧ラルサの王領地の土地台帳管理官として派遣されたシャマシュ・ハジルに宛てられたものであった。以下にこれらの手紙のいくつかを紹介し、日常生活で発生した争い事の解決にハンムラビが王としてどのようにかかわっていたのかをみてみたい。

最初に取り上げる手紙は、下級役人の不正に関するものである。ハンムラビは、シャマシュ・ハジルに宛てて、次のような手紙を書き送っている。

手紙一　シャマシュ・ハジルに言え。ハンムラビは次のように言います…レドゥム正規兵であるリピト・イシュタルに対して会計係のアピル・イリシュはダヤウムから接収したニーナにある六イク（約二、一六ヘクタール）の耕地を割り当てた。（ところが、）リピト・イシュタルの不在中にアピル・イリシュは、彼（リピト・イシュタル）の代役ルニンシュブルカに彼（リピト・イシュタル）の名前を削除させ、自分の名前をその耕地（の台帳）に書き入れさせた。彼らは、アピル・イリシュが彼（リピト・イシュタル）の［代役］ルニンシュブル［カ］にリピト・イシュタルの名前を削除させ、自分の名前を書き入れさせたことを確認した。アピル・イリシュをお前のところに

石灰岩製の石板断片　ハンムラビ法典碑上部の浮彫に見るハンムラビと同じ姿勢で礼拝している人物（ハンムラビ?）が浮彫で彫られている。イトゥル・アシュドゥムなる人物が「アムル（人）の王ハンムラ［ビ］の長寿を祈願して」［アシュ］ラトゥム女神（アムル神の配偶神）にラマッス（守護女神）像を奉納したことを記したアッカド語碑文が刻まれている。高さ三六・二センチ。シッパル出土と考えられている。大英博物館蔵。

　連行するよう書き送れ。ダヤウムから接収した耕地はレドゥム正規兵リピト・イシュタルに与えよ。（AbB 4, 15）

レドゥム兵士とは、バビロニアの軍隊の中核となる正規兵で、その兵役義務（時には労役義務を含む）と引き換えに扶養の地が与えられ、兵士とその家族の生活が保障されていた。この手紙によると、下級の会計係が兵士リピト・イシュタルの代役の男をそそのかして兵士リピト・イシュタルに与えられた扶養の地の名義を自分の名義に書き換えさせたという。この不正行為が「彼ら」の証言によって立証されたため、ハンムラビはシャマシュ・ハジルに問題の土地をレドゥム兵士にもどすこと、および不正行為を教唆した会計係アピル・イリシュを処罰することを命じたものと解釈される。

　シャマシュ・ハジル宛ての手紙には耕地をめぐる争いに関するものが多い。次の手紙二によると、かご職人たちに捺印証書をそえてハンムラビから下賜された耕地のなかでも最上等の耕地六ブル（約三九ヘクタール）を、土地台帳管理官であるシャマシュ・ハジルとその同僚たちが職権を乱用して取り上げ、代替え地として別のところにある土地を与えようとしたらしい。これに対して、ハンムラビは強い調子でシャマシュ・ハジルとその同僚たちを叱っている。

手紙二　シャマシュ・［ハジル］、シン・ムシャッリム及びその同僚たちに言え。ハンムラビは次のように言います…かご職人たちが次のように私に訴えてきた。「我らの主（ハンムラビ）が捺印証書を添えて我々に与えてくださった耕地の内、我々の所有する耕地の最上等地六ブルをシャマシュ・ハジルとその同僚達が取り上げました。（そして）その代替え地として彼らは別の場所にある耕地を我々に受け取らせようとしました」。彼らはこのように私に訴えた。どうしてお前たちは、彼らの耕地の最上等地を取り上げ、別の場所にある耕地を与えようとするのか。私が彼らに交付した捺印証書を読め。捺印証書にしたがって、彼らに耕地を与えよ。他の場所の耕地を与えるべきではない。（AbB 4, 37）

確かな証拠にもとづく裁定

ハンムラビは、土地台帳、捺印証書、複数の証人による証言などを調べたうえで裁定をくだしていることがわかる。手紙一では、複数の証人による証言に、また手紙二は土地の下賜にさいして王が与えた捺印証書に言及している。

次に紹介する手紙三は大麦の貸し借りに関する争いをあつかう。訴えでたのは債権者である商人であるが、債務者の借用証書の有無が裁定を左右する。ここにでてくる商人（タムカルム）とは、お金を融資したり商品を掛けで卸したりする一種の商業資本家であった。ハンムラビ法典によると、お金（銀）を融資したさいの利息は年利二〇％とされるが、大麦の場合は三三・三％であった（ハンムラビ法典第t条）。これは現今の利息に比べると相当高いが、当時においては標準的な利率であったと思われる。ハンムラビは三年にわたり返済を怠った債務者で市長のシン・マギル対して、借用証書通り利息分を含めて大麦を返済するよう命じている。

手紙三　シン・イッディナムに言え。ハンムラビは次のように言います…商人で五人組の長イルシュ・イッビが次のように私に訴えてきた。すなわち、「私は市長のシン・マギルに大麦三〇グル（約九千リットル）を（貸し）与えました。私は、彼の（借用）証書を持っています。私は、この三年間彼に（返済するよう）要求し続けていますが、彼は私に大麦を返済しようとしません」。彼はこのように私に訴えてきた。私は彼の(借用)証書を見た。彼ら(役人たち)をしてシン・マギルに大麦とその利息分をイルシュ・イッビに返済させせよ。(AbB 2, 24)

明確な原則にのっとった裁定

手紙四は、耕地をめぐる問題をあつかうが、ラルサではなくラルサの近くのバド・ティビラにある永代保有地没収の事例で、知事のシン・イッディナムに宛てられている。ハンムラビは、昔からの保有地(永代保有地)は没収してはならないという原則にのっとって、本来の保有者にその耕地を返還するよう裁定をくだしている。

手紙四　シン・イッディナムに言え。ハンムラビは次のように言います…バド・ティビラのハパにある一八イク(約六、五ヘクタール)の耕区であるが、これはエンキ・ヘウトゥドの昔からの保有地で、土地台帳でも彼の名義になっている。その耕地(耕区)をエンキ・ヘウトゥドに与えよ。(AbB 2, 60)

永代保有地をめぐる苦情は次の手紙五でもあつかわれている。訴えによると、シャマシュ・ハジルが永代保有の土地を接収し、扶養の地としてレドゥム兵士に与えたというのである。ただし、ハンムラビとしては、シン・イシュメアンニの主張が正しいかどうか確認できないため、事情をよく調べたうえで、永代所有の耕地を接収してはならないという原則にのっとって処理するようシャマシュ・ハジルに命じている。ティルムン・デイツとは、ティルムン(現在のバーレーン)原産のナツメヤシである。

手紙五　シャマシュ・ハジルに言え。ハンムラビは次のように言います…クタラの人で、ティルムン・デイツの栽培人であるシン・イシュメアンニが次のように私に訴えた。「シャマシュ・ハジルは(永代)我が家に属する耕地を私から取り上げ、レドゥム兵士に与えました。」彼はこのように私に訴えた。永代所有の耕地を取り上げられることがあろうか。この件をよく調べよ。もし、この耕地が(永代)彼の家に属するものであれば、その耕地をシン・イシュメアンニに返還するように。(AbB 4, 16)

裁判の移管

ハンムラビは、時には、地方でおこなわれている裁判をバビロンに移し、自ら裁定をくだすこともあったようだ。手紙六では、王の指示をあおぐためにシン・イッディナムが書き送ってきた耕地をめぐる争いに関して、ハンムラビは、直接裁定をくだすために告発人二人をバビロンに送るよう指示している。

> 手紙六　シン・イッディナムに［言え］。ハンムラ［ビ］は次のように言います…お前が書いて寄越した、料理人達の長イリ・イッパルサムが、王宮の要員ビトゥム・ラビの息子であるシン・ギムランニとタリバトゥムの配下にある地［方長］官の書記リピト・イシュタルに対して、(或る)耕地に対する権利を主張している件であるが、現在、料理人達の長イリ・イッパルサムをウルでの犠牲奉献のために派遣している。彼(イリ・イッパルサム)のウルでの犠牲奉献が終わり次第、彼らの訴訟を解決するために、彼の告発人であるシン・ギムランニとリピト・イシュタルをバビロンに送ってくるように。(AbB 2, 9)

争い事の内容は不明だが、次の手紙七でも、ハンムラビは、自分で裁定をくだせるよう告発者とその証人をバビロンに送るようシン・イッディナムに指示している。

手紙七　シン・イッディナムに言え。ハンムラビは次のように言います…お前がヌール・イシュタルと一緒に送ってきたシン・ラビに関する件であるが、このシン・ラビは私の許に連行されてきた。彼は、イッディン・シンに関して私に話した。さて、このシン・ラビをお前の許に送る。イッディン・シンと彼が指名する証人を私の許に送れ。（AbB 2, 2）

事実関係の調査と調査結果の報告を要求

ハンムラビに苦情を訴えでたのは、農民や商人だけではない。次に紹介する手紙では、ヒツジ・ヤギなどの小家畜を放牧させる牧夫からの苦情が対象となっている。ここでは、直接の被害者である牧夫たちではなく彼らの責任者である牧夫の長が牧夫にかわって王に訴えでている。ハンムラビはシャマシュ・ハジルに対して事実関係の調査と調査結果の報告を命じている。なお、果樹園とはナツメヤシ園のことであるが、そこではナツメヤシの木陰を利用してネギなどの野菜も栽培されていた。

手紙八　シャマシュ・ハジルに言え。ハンムラビは次のように言います…牧夫長であるアピル・シンが次にように私に訴えてきた…「我が主が私の管轄下の牧夫たちに下賜されたララトゥム運河の取水口（の近く）に位置する一ブル（約六、五ヘクタール）の果樹園を、アルウムが取り上げました」。彼はこのように私に訴えた。誰がこの果樹園をアルウムに与えたのだ。この果樹園に関して、完全な報告を私に書き送るように！（AbB 4, 13）

上で取り上げた手紙はハンムラビの手紙のごく一部にしかすぎないが、これらの手紙からでも、ハンムラビは、実際の統治においても支配下の住民の苦情に耳をかたむけ、そこなわれた正義の回復に努める有能な王であったことがみてとれる。苦情を訴えでた人々は、農夫や牧夫、兵士やかご職人のように比較的弱い立場にあったと考えてよい。例外は、商人の場合であるが、彼が借金不払いで訴えている相手は市長なので、この場合にかぎっていえば、この商人は相対的に弱い立場にあったといえる。

ハンムラビの願いはかなったのか

本書をおえる前に、一言ハンムラビの家族についてふれておきたい。ハンムラビの妻(達)についてはなにもわかっていない。彼には、後継者となったサムス・イルナのほかに、少なくともスム・ディタナとムトゥ・ヌマハの二人の息子がいたことがわかっている。この二人は、時期は異なるものの、マリ王ジムリ・リムの王宮に王子教育のため、あるいは一種の人質として、滞在していたことが知られている。また、ハンムラビの娘の一人がエシュヌンナ王ツィリ・シンの許に嫁いだことはすでにふれたとおりである。ほかに、シッパルのシャマシュ神のナディートゥム修道女となったイルタニという名の妹がいたこともわかっている。

さきに、「バビロン第一王朝の他の王たちに比べると、ハンムラビは量の点でも多様性の点でも、史料に恵まれているといえる」と書いた。バビロンの遺跡は一八九九年から一九一七年までドイツの調査隊によって発掘されたが、この辺りは地下水位が高く、発掘できたのは一部を除いて新バビロニア王朝(前六二五〜五三九年)以降に相当する文化層までであった。もしハンムラビ時代の文化層まで発掘調査ができていれば、もっと豊富な史料が利用できたであろう。

しかし、この不足分は同時代のマリ出土の手紙などによってある程度補うことができた。マリがハンムラビによって征服された時、マリの文書庫がバビロン軍によって組織的に調べられ、バビロンにかかわりのある外交文書の多くは運び去られたと考えられている。本書で利用できた手紙類は、そのさいに見落とされたものの一部にしか過ぎないが、そこに引用されているハンムラビの発言からメソポタミア統一に向けて動き出した頃の彼の心の動きにも多少ふれることができたのではないだろうか。

ハンムラビは、後世の人々から北や南で勝利をあげ、人々のために実り豊かな収穫を保障し、国民に正義を回復した王として記憶して欲しいと願っていた。この願いはかなえられたのではないか、というのが私の結論である。

イシン王国	ラルサ王国	エシュヌンナ王国
イシュビ・エラ(前2017-1985)	(ナプラヌム[前2025-05])	ヌール・アフム(前2010頃)
	エミツム(前2004-1977)	
シュ・イリシュ(前1984-75)		
イッディン・ダガン(前1974-54)	サミウム(前1976-42)	
イシュメ・ダガン(前1953-35)		
	ザバヤ(前1941-33)	
リピト・イシュタル(前1934-24)	グングヌム(前1932-06)	
ウル・ニヌルタ(前1923-1896)		
	アビサレ(前1905-1895)	
ブル・シン(前1895-74)	スム・エル(前1894-66)	
リピト・エンリル(前1873-69)		
エラ・イミッティ(前1868-61)	ヌール・アダド(前1865-50)	
エンリル・バニ(前1860-37)		
	シン・イッディナム(前1849-43)	イピク・アダド2世(前1850頃)
	シン・エリバム(前1842-41)	
	シン・イキシャム(前1840-36)	
	ツィリ・アダド(前1835)	
	ワラド・シン(前1834-23)	
ザンビヤ(前1836-34)		
イテル・ピシャ(前1833-31)		
ウルドゥクガ(前1830-28)		
シン・マギル(前1827-17)		ナラム・シン(前1810頃)
ダミク・イリシュ(前1816-1794)	リム・シン(前1822-1763)	ダドゥシャ(前?-1779)
〈ラルサによる支配〉		
		イバル・ピ・エル2世(前1779-65)
		〈エラムによる支配〉
	〈バビロンによる支配〉	ツィリ・シン(前1764-63)
		〈バビロンによる支配〉

古バビロニア時代メソポタミアの王と在位年

紀元前	上メソポタミア王国	マリ王国	バビロン第1王朝
2000年			
1950			
1900			
			(スム・アブム[前1894-81])
			スム・ラ・エル(前1880-45)
1850			
			サビウム(前1844-31)
			アピル・シン(前1830-13)
		ヤハドゥン・リム(前1810-1794)	シン・ムバッリト(前1812-1793)
1800		スム・ヤマム(前1793-92)	
	シャムシ・アダド1世(前1792-75)	〈上メソポタミア王国による支配〉	ハンムラビ(前1792-50)
		シャムシ・アダド1世(前1792-75)	
		ヤスマハ・アッドゥ(前1785頃-1775)	
		ジムリ・リム(前1775-62)	
1750		〈バビロンによる支配〉	サムス・イルナほか4王(前1749-1595)

参考文献

大貫良夫他『人類の起源と古代オリエント』（世界の歴史 1）中央公論社，1998 年
岸本通夫他『古代オリエント』（文庫世界の歴史 2）河出書房新社，1989 年
中田一郎『メソポタミア文明入門』（岩波ジュニア新書）岩波書店，2007 年
中田一郎訳『原典訳ハンムラビ「法典」』リトン，1999 年
中田一郎「史料紹介　マリ文書に見るバビロン王ハンムラビ」*Bulletin of Ancient Orient Museum*（古代オリエント博物館紀要）XXXI, 2011.
日本オリエント学会編『古代オリエント事典』岩波書店，2004 年
前川和也編著『図説メソポタミア文明』（ふくろうの本）河出書房新社，2011 年
前田徹他『歴史学の現在　古代オリエント』山川出版社，2000 年
前田徹『メソポタミアの王・神・世界観』山川出版社，2003 年
D. Charpin, *Hammu-rabi de Babylone*, Paris, 2003.
D. Charpin, D. O. Edzard u. M. Stol, *Mesopotamien. Die altbabylonische Zeit,* OBO 160/4, Fribourg u., Göttingen, 2004.
D. Charpin et Nele Ziegler, *Mari et le Proche-Orient à l'époque amorrite. Essai d'histoire politique,* Florilegium marianum V, Paris, 2003.
V. A. Hurowitz, *Inu Anum ṣīrum. Literary Structures in the Non-Juridical Sections of Codex Hammurabi*, Occasional Publications of the Samuel Noah Kramer Fund 15, Philadelphia, 1994.
F. Joannès (ed.), *Dictionnaire de la civilization mésopotamienne*, Paris, 2001.
M. van de Mieroop, *King Hammurabi of Babylon*, Oxford, 2005.

図版出典一覧

Beatrice Andre-Salvini, *Le Code de Hammurabi*, Paris, 2008. *7, 71*

J. B. Pritchard, *The Ancient Near Eastern Pictures relating to the Old Testament*, 2nd ed., Princeton, 1969. *2, 35, 53*

H. Frankfort, *Cylinder Seals*, London, 1939. *10*

P. M. M. G. Akkermans & G. M. Schwartz, *The Archaeology of Syria*, Cambridge World Archaeology, Cambridge, 2003. *17*

東京大学総合研究博物館提供 *19*

国士舘大学イラク古代文化研究所提供 *14, 26*

和田久彦提供 *55, 56*

著者提供 カバー裏 , *18, 54, 65, 85, 86*

PPS 通信社提供 カバー表 , 扉 , *85*

中田一郎(なかた　いちろう)
1937年生まれ
早稲田大学文科系大学院修士課程(西洋史学専攻)中退。
ヒブルー・ユニオン・カレッジ大学院を経て
コロンビア大学大学院博士課程修了(Ph.D. 取得)
専攻，古代メソポタミア史
中央大学名誉教授

主要著訳書
『ハンムラビ「法典」』(リトン 2000)
『メソポタミア文明入門』(岩波ジュニア新書 2007)
『古代マリ王国の政治と宗教——バビロンに滅ぼされた悲運の王国』(中央大学出版部 2024)

世界史リブレット人01
ハンムラビ王《おう》
法典《ほうてん》の制定者《せいていしゃ》

2014年2月20日　1版1刷発行
2024年12月20日　1版3刷発行

著者：中田一郎《なかたいちろう》

発行者：野澤武史

装幀者：菊地信義

発行所：株式会社 山川出版社

〒101-0047　東京都千代田区内神田1-13-13
電話　03-3293-8131(営業)　8134(編集)
https://www.yamakawa.co.jp/

印刷所：株式会社 明祥

製本所：株式会社 ブロケード

ISBN978-4-634-35001-4